爆款小红书
从零到百万粉丝的玩赚策略

吕白-著

图书在版编目（CIP）数据

爆款小红书：从零到百万粉丝的玩赚策略/吕白著.—北京：北京时代华文书局，2022.2（2022.5重印）

ISBN 978-7-5699-4520-1

Ⅰ.①爆… Ⅱ.①吕… Ⅲ.①电子商务－运营管理 Ⅳ.① F713.365.1

中国版本图书馆 CIP 数据核字 (2022) 第 007384 号

爆款小红书：从零到百万粉丝的玩赚策略

Baokuan Xiaohongshu : Cong Ling Dao Baiwan Fensi De Wanzhuan Celue

著　　者｜吕　白

出 版 人｜陈　涛
选题策划｜王　迎　薛纪雨
责任编辑｜樊艳清
执行编辑｜耿媛媛　王凤屏
装帧设计｜MM末末美书 QQ:321861929
责任印制｜訾　敬

出版发行｜北京时代华文书局 http://www.bjsdsj.com.cn
　　　　　北京市东城区安定门外大街 138 号皇城国际大厦 A 座 8 楼
　　　　　邮编：100011　电话：010 - 64267955　64267677

印　　刷｜涿州市星河印刷有限公司　010 - 83670070
　　　　　（如发现印装质量问题，请与印刷厂联系调换）

开　　本｜880mm×1230mm　1/32　印　张｜8.5　字　数｜166 千字
版　　次｜2022 年 2 月第 1 版　　印　次｜2022 年 5 月第 5 次印刷
书　　号｜ISBN 978-7-5699-4520-1
定　　价｜48.00 元

版权所有，侵权必究

序言

第一次接触"小红书"是在2019年。

当时我刚去一家知名旅游公司做首席内容官,入职第二天老板找到我说:"小红书,要全力以赴去做。我已经帮你招聘了20人(刚毕业的大学生),你去做吧,尽量在两个月之内出结果,我相信你!"我只能硬着头皮说:"好。"

为什么说是"硬着头皮"呢?原因有三点:(1)我没做过小红书;(2)我从来不看这个手机软件;(3)在没有跑通闭环之前,就直接与20人组建团队开始操作,我心里没底。

那天晚上我失眠了。我想,我一个从来不看小红书的人,带着20位没有经验的大学生,况且20人里面有8位男性……从零开始这样操作到底靠不靠谱?

答案是非常靠谱!后来我把那段时间的经历复盘总结,将其用在一家教育公司上,不到7个月,在纯靠内容投放的情况下,积累了100万粉丝。我的复盘总结如下。

1. 爆款都是重复的

因为我没做过小红书,所以最开始非常蒙。我能做的第一件事就是按照我过去成功的逻辑去找共性。先搜索关键词"时尚",点一下"最热"按钮。我看到"时尚女人必看的几部电影"之类的笔记非常多,我点开内容发现有人推荐5部,有人推荐6部,但其中大部分电影都是重复的,甚至连推荐语都很相似。

然后我又搜索"小学数学",发现前5篇笔记内容几乎一模一样,发布者好像连改都懒得改,我非常惊讶。后来我又搜索旅游目的地,发现泰国非常火,点击"最热",我看到"退税攻略"一类的内容非常多,内容也是高度相似,甚至一模一样。

所以当时我做了这么几件事:每天开会至少说10遍"小红书爆款都是重复的",让大家重复5遍,并把这句话做成标语,贴在墙上、工位上,做成图片让大家设置成电脑桌面背景,让这句话反复出现在大家的视野中。

当你想做某一领域的内容,可以去看这一领域里最火的100篇笔记,找到出现频率高的头部选题去做,这样才有可能做出爆款。

2.用量来拼成功的概率

我总结了一个公式：70%和爆款相似 × 足够多的试验品 = 100% 爆款。

为什么是 70% 的相似？因为你模仿一个东西，最多只能模仿到 70%。比如你练习颜真卿的字帖，最多是让笔迹像"颜体"，却无法做到完全相同。

除了和爆款相似外，你还需要做足够的量。可能有些人的第 100 篇笔记会火，但是他在第 99 篇就放弃了，离爆款就差一篇。

这就是量变与质变的关系，量变是微小的，你做一篇笔记虽然涨粉少、数据差，但是当你做到一定数量进而产生爆款，粉丝增长就是爆炸式的了。

请记住，一篇笔记就做出爆款是不可指望的，高手和普通人最大的区别就是，高手可能做到 50 篇就出爆款了，而普通人可能要做 100 篇。

3.给用户一个关注你的理由

之前我们做过一个账号名字叫"Kitty"，写出了四五篇旅游类的爆款笔记，后来发现转粉率一直不行。

直到我们把名字改成了"Kitty 在日本"。

在其他内容都没变的情况下，改名字那一周的涨粉量超过了之前三个月积累的粉丝量。后来我们分析，因为 Kitty 不是家喻户晓的明星，用户没有必要关注，而将名字改成"Kitty 在日本"以后，用户会考虑到如果某天去日本，可以从你这里获取一些实用攻略。

请各位记住，在李佳琦还没爆火之前，他在网络上的名字叫"口红一哥李佳琦"，爆火之后才改回了自己的名字。除非你是明星，否则你的名字最好是"昵称 + 你能给用户提供的内容"。

这本书里我为你提供了几十个取名的模板。

《圣经·传道书》中说："已有的事，后必再有；已行的事，后必再行；日光之下，并无新事。"

牛顿说："我之所以能取得今天的成就，那是因为我站在巨人的肩膀上。"

毕加索说："好的艺术家模仿皮毛，伟大的艺术家窃取灵魂。"

而我想告诉各位："所有的创意，都是记忆的累积。"我用这本书提供的方法做了一个新的小红书账号——"吕白聊内容"，12 周积累了 3 万粉丝，变现 40 余万元。你一定也可以做到！

终身内容从业者　吕白

目录

第一章 PART 1 底层逻辑：
揭秘小红书爆款笔记的三大底层逻辑

第一节　做内容不要自我陶醉　/002

第二节　爆款都是重复的　/010

第三节　要非常专一　/023

第二章 PART 2 精准定位：
给用户一个关注你的理由

第一节　"定位三问法"：找到你的精准定位　/030

第二节　聚焦法：先发散再聚焦　/048

第三章 PART 3 "号设化"运营：
做好小红书的"四件套"，快速吸睛涨粉

第一节　昵称：用户认识你的第一张名片　/058

第二节　头像：你的头像可能价值百万　/067

第三节　主页：直观清晰体现你的价值　/075

第四节　简介：一句话讲明你是做什么的　/080

第四章 PART 4 爆款笔记：
从零开始做出爆款笔记

第一节　选题：建立你的爆款选题库　/088

第二节　标题：8种模式+"四步法"+"三段式"模板，打造出爆款标题　/106

第三节　图片：利用手机软件轻松搞定封面和内页图　/125

第四节　内容：套用"开头+中间+结尾"三段式模板，做出爆款内容　/136

第五章 PART 5 运营赋能：
掌握流量密码，运营提升关键指标

第一节　推荐机制：小红书流量推荐背后的秘密　/146

第二节　发布时间：抓准用户活跃时间，提高笔记成为爆款的概率　/166

第三节 增加互动：给笔记一个推力，让用户
黏性更强 /169
第四节 等级体系：升级账号等级，增加账号
权重 /174

第六章 PART 6　复盘：
避免犯同样的错误，用思维校准行动方向

第一节 复盘步骤：从思维推演到行动的五大步骤 /182
第二节 品牌复盘：你和高手之间差一个细节 /188
第三节 个人复盘：为个人运营小红书做规划 /196

第七章 PART 7　变现：
四大变现形式，让你在小红书变现有法

第一节 商业广告变现：三大广告变现方式，用商业
广告获取收益 /204
第二节 带货变现：开店和开展商品合作，实现带货
变现 /218
第三节 私域引流变现：两步走实现成交变现 /223
第四节 课程变现：把技能打造成课程，实现课程
变现 /225

第八章 PART 8 小红书团队管理：提高人才密度

第一节　招聘理念：小范围快速试错，找到合适人才迅速上手　/230

第二节　招聘流程：三步搞定面试招聘　/234

第三节　拆解培训：三遍拆解法拆解爆款，见过爆款才能做出爆款　/239

第四节　"赛马文化"："分裂"和"归一"，快速做出爆款　/248

第五节　内部管理：头、中、尾分部管理，提出问题，解决问题　/252

第六节　薪酬绩效：低底薪+高绩效，一分耕耘一分收获　/255

后记　/259

第一章

底层逻辑：
揭秘小红书爆款笔记的
三大底层逻辑

PART
1

第一节
做内容不要自我陶醉

我有一位学员,前段时间顺利考上了研究生。因此,他致力于成为小红书中的学习博主,分享方法、输出干货,从而让用户受益。

在与我分享了内容规划和选题结构之后,他便踏上了自媒体之路。我跟他说:"期待你的爆款!"

过了一段时间,有一天他忽然跟我说:"白哥,我感觉我做得特别失败,我花了两周时间写了很详细的专业指南,并精心策划了关于考研的选题,发布笔记的时候我信心满满,可事实上点赞、收藏量很低。我看了相似内容的高赞笔记,如果写得比我好也就算了,问题是他们写得不怎么样,往往都在抄改别人的内容。太不公平了!"

我问:"你给自己的内容打多少分呢?"

他立马回应道:"满分10分的话,我做的起码也有8分吧!"

我写了很久的资料都是我一字一句打出来的，行间距我也做了排版优化；为了突出重点，我还用荧光笔做了标注……每条内容我都写得很详细具体，还附有专业补充。我觉得我这篇就是实用性非常强啊，我的内容值得被收藏啊。"

他又补充道："为了让封面有干货满满的感觉，我还特意拼了一张合集图，标题用了红色加粗字，'再不做就迟了'这句标题也写得挺吸睛，是不是？"

我回答道："你知道你在刚刚的描述中，说了多少个'我'吗？你做的这篇笔记就是在取悦你自己，全是从你的角度出发的，没有思考用户看到这篇笔记会有什么感觉，就只一味地沉浸在自己的世界里，完全是在自我陶醉。"

他顿悟了，终于明白之前的所作所为都是在做无用功，根本没有实打实地从用户视角和观感出发，而只是站在自己的世界里异想天开。

我又看了看他的笔记，指出了误区："你这张图里堆满了文字，全是重点就相当于没有重点。这样别人怎么看得下去？"

聊完之后，他收获颇多，回去重新开始了不自我陶醉的创作之路。

所谓自我陶醉就是做内容时所有视角都是"我"，觉得"我"好厉害，自我欣赏，却忽略了用户的需求。

做小红书最大的禁忌就是自我陶醉，然而很多人并不自知。

我的一名实习生夏琳，本科毕业于美国南加州大学，她自小就是学霸，尤其擅长数学。最近我让她负责小学数学学科的小红书内容运营，她自信满满地告诉我没问题。过了几天她突然来办公室找我，说在小红书运营中遇到了一些问题，前期起不来量。

我问："你具体说一下遇到了什么问题，或者先讲讲你是怎么做的吧？"

她回应道："好的。首先我觉得做小学数学的小红书笔记，目标用户是老师和家长，老师观看学习，家长转发给自己的孩子。我也翻看了其他同类型博主，他们大部分都是总结公式和题型。所以我觉得，我只要把这些公式整合一下，模仿那种有干货的感觉，一定能把数据做得漂亮。

"再之后我便开始策划第一篇笔记，也按照一些爆款的形式制作，手抄了应用题常用公式。为了让用户觉得我在认真做分享，我花了一下午时间才把这些公式抄完，每一个字都写得很用心很漂亮。我想，用户应该能感受到我的诚意吧？

"另外，为了让用户立马点进来看，我想到了一个标题，'小学数学必会公式，赶快替孩子收藏'，这标题取得也太好了！

"按照这样的模式，我发布了数篇干货笔记。我觉得我在向爆款一步步靠近，期待出现爆款的那天！但平台却总给我泼冷水，数据一直很惨淡，是我写的笔记数量不够吗？"

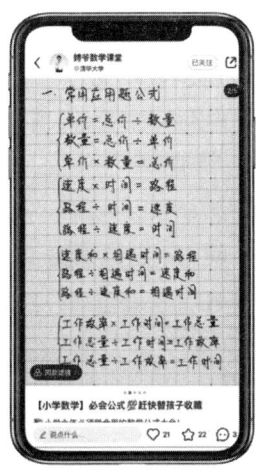

你眼中的你的笔记
☑ 手写体抄得很辛苦
☑ 标题取得太好了
☑ 内容也详细

不火是他们没有眼光

别人眼中你的笔记
✖ 字丑
✖ 标题也太平淡了
✖ 重点不清

直接划过,并不想收藏……

我说:"这全是你在自我陶醉。在别人眼里,字丑、标题平淡、重点不突出,别人看一眼基本就划过了。所以,你的数据惨淡是正常的。"

根据以上原因,我给了她一些建议:模仿别人的爆款笔记,修改那些自以为不错的细节——书写的字、标题等,做到与爆款 70% 相似。

她按照我的方式调整并重新发布了笔记,没想到修改后的第一篇笔记就爆了。

道理你都懂,但却做不到。有时,我们往往发现不了自己的问题,需要别人指点迷津。

王阳明在《传习录》中曾说道:"未有知而不行者,知而不行,只是未知。"我们既要知道怎样才算"自我陶醉",

- ✓ 重点分明排版清晰
  （高点赞）
- ✓ 内容全面知识点丰富
  （高收藏）

> 因为不自我陶醉
> 单条赞藏量提升百倍

又要做到不"自我陶醉",这才是真正懂了,才能做出爆款笔记。

做小红书最重要的是明白利他的重要性,从用户角度出发来解决用户的需求,要给用户一种"看见即能用"的印象。那么如何做到不"自我陶醉"呢?

第一,找到自我表达与用户需求之间的交集。

你可能想表达的事情有一百件,但大家只想听你说三件。这三件一定是你与用户之间有关联,并且是站在用户角度考虑、对用户有价值的。这样才能让用户产生共鸣。

我有一个热爱阅读的朋友,品味非常小众,他每天都会在小红书上推荐一些晦涩难懂但自己受益的小众书籍,如《个体的维度》《积极上瘾》《十个人的世界史》,阅读量惨淡无比,更别提点赞、收藏、评论了。后来他问我是哪里出了问题,该怎么办。

我说:"你应该从市场热点与用户的认知范围出发,你推荐的书有的已经绝版了，就算别人想采纳你的意见都没办法找到想看的书。你可以做个调研，浏览爆款书单笔记中，哪些书被提到得较多，如《金字塔原理》《认知觉醒》《如何阅读一本书》等，在小红书都非常火。"

他理解了，回答道："做小红书一定要与用户有交集，我喜欢的并不一定是用户喜欢的。我必须先从市场和用户出发，这样才能满足用户需求，用户才能通过我分享的笔记得到收获。"

能解决他人问题的笔记，才是合格的笔记。找到自我表达与用户需求之间的交集，才不会走入"自我陶醉"的误区。

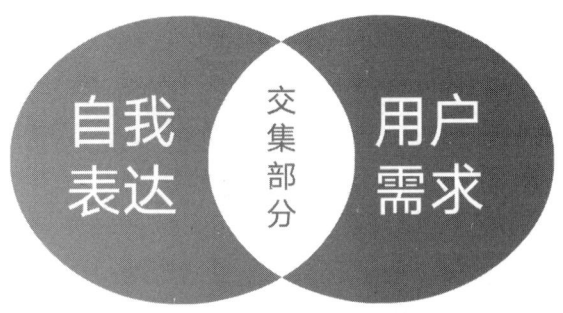

第二，没人关心你的内容多完美，他们只关心自己的需求是否被满足。

这句话很残酷，但现实确实如此。小红书属于推荐平台，在发展中让用户逐步养成这样的习惯：有想要了解的事情、想要买的东西，先打开小红书去搜索和了解。

所以用户的初衷是通过小红书平台满足自身需求，不管是精神需求还是物质需求。从本质来看，用户不关心你的内容多完美，他们只关心你的内容是否能满足其需求。

小红书博主＠老明读书，我们对比他的四篇笔记可以发现，《克服拖延症的有效办法》这篇点赞数高达2.6万，《了解然后战胜拖延症》这篇同样围绕"拖延症"来做选题，但点赞数只有1000多。这是什么原因呢？

其实，用户只关心能不能找到解决拖延症的实操方法，让自己尽快摆脱困境、顺利赶超其他人，而不关心其他事情，也不想知道造成拖延的原因。所以《克服拖延症的有效办法》才会成为用户认同的爆款。你的笔记须围绕用户需求来写，只讲干货，而非写些深奥难懂的内容。

只有你的内容对用户有帮助，用户才会被吸引。如提供一个化妆变美的方法、一个时间管理工具、一份自己使用多年的复盘模板……这些方法或产品，你实实在在用过，"亲测有效"并从中受益，用户才会有所感知，才会对你产生认同感。

记住，用户并不关心你做了什么笔记、做得怎么样，他们只关心自己的需求是否被满足、能否从中受益。能解决问题的笔记才有可能成为爆款。

本节小结

1. 做小红书最大的禁忌是自我陶醉。
2. 找到自我表达与用户需求之间的交集。
3. 没人关心你的内容多完美，他们只关心自己的需求是否被满足。

第二节
爆款都是重复的

爆款笔记不总是推陈出新或标新立异。细心研究,你会发现爆款都是重复的。

我在某旅游公司带内容团队做小红书时,有团队成员问我:"爆款笔记因为什么才能成为爆款?"

我说:"你不要研究爆款为什么成为爆款,你只需要知道爆款是爆款就足够了,你现在需要做的是重复爆款。"

团队成员很不理解,他心里可能在想:"这话说了跟没说一样。"他表示不相信爆款笔记都是重复的。

于是我把他叫来办公室,让他打开小红书,在首页搜索"小学数学",筛选"图文"笔记、"最热"。仔细看以下几篇笔记存在什么规律。

特点:

第一章 底层逻辑：揭秘小红书爆款笔记的三大底层逻辑

·第一篇：小红书博主@**衡中提分笔记**。点赞8.8万，收藏10.3万，评论1224

标题：《清华妈妈怒言：如果孩子上小学，让他死磕这7张图，6年次次100》

·第二篇：小红书博主@**数学速算精选**。点赞4.1万，收藏3.4万，评论377

标题：《清华博士妈妈：如果孩子上小学，让他死磕这6张图，数学次次拿高分》

·第三篇：小红书博主@**木子老师提分资料**。点赞2.2万，收藏3.1万，评论170

标题：《清华博士妈妈：如果孩子上小学，让他死磕这6张图，数学次次高分》

爆款第一屏@衡中提分笔记

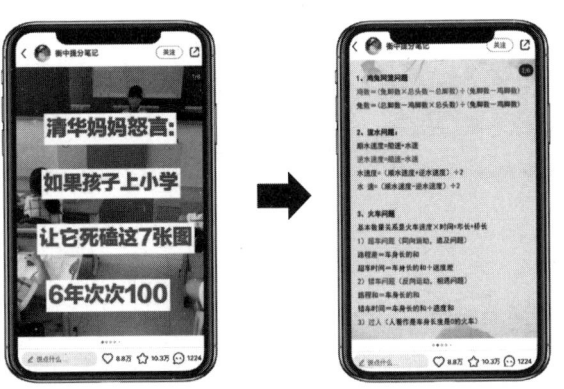

图注："让它死磕这7张图"中的"它"，应为"他"。

爆款第二屏@数学速算精选

爆款第三屏@木子老师提分资料

我说:"这三篇爆款笔记,从标题上看统一的内容大致是'清华妈妈/清华博士妈妈''上小学''死磕这6/7张图''高分/100分';从内容上看,几乎都在描述鸡兔同笼、流水、火车问题,最多只是换了图片模板。看吧,爆款多么相似,甚至

几乎相同！"

他愣住了："这些爆款笔记一模一样，竟然连标题都没怎么修改，只改了一点细节而已！"但他认为这说明不了问题，可能是我们运气好，看到重复的了。

我继续说："如果你还是不信，咱们再拆解一个选题——以成长学习类图文笔记为例。你搜索'费曼学习法'，再观察爆款笔记中的规律。"

于是他按照我说的，在小红书搜索"费曼学习法"，筛选"图文"笔记和"最热"。

他发现排在前面的爆款笔记依然相似。他满脸诧异，激动

爆款第一屏@跃歌

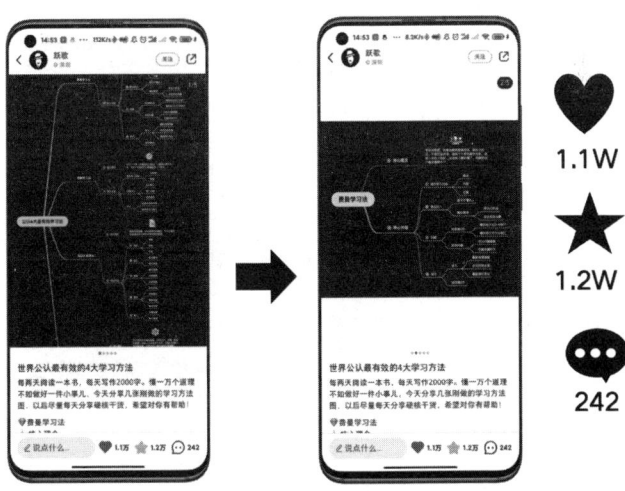

图注：图中的"4大学习方法"应为"四大学习方法"。

爆款第二屏@小王学长

图注：图中的"学习效率底下"应为"学习效率低下"，"重新学习一边"应为"重新学习一遍"，"通熟易懂"应为"通俗易懂"。

爆款第三屏@三色柠檬

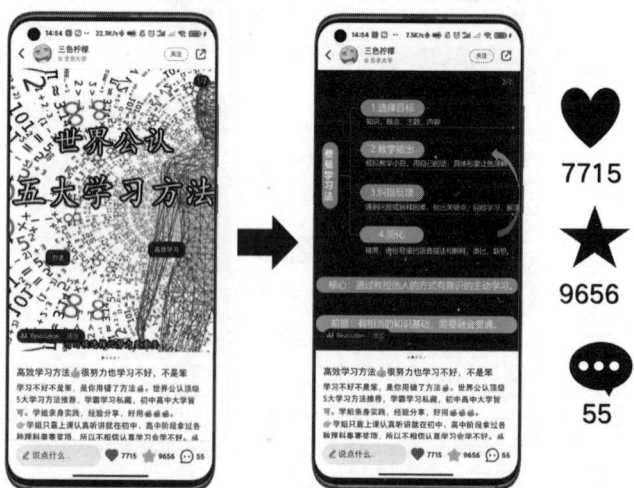

图注：图片下部文字中的"5大学习方法"应为"五大学习方法"。

地跳了起来，仿佛找到了小红书的流量密码。

特点：

· 第一篇：小红书博主@跃歌。点赞1.1万，收藏1.2万，评论242

标题：《世界公认最有效的四大学习法》

· 第二篇：小红书博主@小王学长。点赞4520，收藏6657，评论46

标题：《地表最强四大世界顶级学习法》

· 第三篇：小红书博主@三色柠檬。点赞7715，收藏9656，评论55

标题：《高效学习法 | 很努力也学习不好，不是笨》

从标题分析，第一篇为《世界公认最有效的四大学习法》，第三篇的图片标题是《世界公认五大学习方法》，相似度很高，而第二篇的《四大世界顶级学习法》，也就是换个说法，其实意思还是一样的。从展现形式分析，它们都用思维导图的方式呈现，且背景都是深色背景。从内容来看，从核心理念到具体操作步骤（确定学习目标、教给别人、回顾反馈、简化语言），意思是一样的，只是表述形式各有不同。

不仅教育分类如此，从生活到时尚，小红书平台中各行各业的内容都在告诉你：爆款一直在重复。

016 爆款小红书

图注：图中"存在与"应为"存在于"。

第一章　底层逻辑：揭秘小红书爆款笔记的三大底层逻辑

当你在小红书搜索"成都民宿"时，你会发现仙女风和森系度假山庄的爆款选题在重复出现。

当你搜索"成都美食"时，你会发现关于小龙虾的笔记摆盘基本一致，首图看上去满满当当色彩鲜艳，只有这样才能被一众用户看到、点赞，从而成为爆款。

同样，当你搜索"成都小吃"时，你会发现爆款笔记中首图的拍摄风格也保持了高度一致。

搜索"时尚",你会发现最热的笔记中"女生一定要看的 × 部时尚电影"一直在重复出现,甚至把图文笔记改成视频笔记,还会再火一遍。

第一章　底层逻辑：揭秘小红书爆款笔记的三大底层逻辑

　　几个案例拆解之后，他终于相信爆款一直在重复。只有见过爆款，才能做出爆款。

　　如果你想成为美食博主，你觉得美食类爆款笔记有哪些特点呢？如果你看的案例不够多，即使爆款出现你也可能注意不到。你觉得只分享自己认为好吃的食物就可以了，但真正认真去看过小红书上的爆款之后你会发现，爆款远不是"好吃"就可以，还要"好看"。

小红书上有一类很火的美食笔记，是把画家莫奈、梵高等人的画作特征运用到食物上。莫奈曾说过："我会成为画家，也许是拜花所赐。"小红书博主 **@烤箱外的守望者** 就从莫奈的《池塘·睡莲》中汲取了灵感，创作出这篇笔记。而小红书博主 **@JeanHsiao** 则从梵高的调色盘中汲取灵感，分享了一款"油画感减脂思慕雪"。

不仅是西式糕点，中式的也可以做出新意。这两款鲜花饺子可以说是这类爆款笔记中的代表。它们的饺子皮上都有鲜花造型，只是花朵样式发生了变化。

生活中我们常常会参加好朋友的生日会。你知道什么类型的生日蛋糕在小红书上会成为爆款吗？高颜值、萌……这些类型很火，但远不如"杯子蛋糕"火爆。很多博主分享了自己和朋友一起吃"杯子蛋糕"的场景，用户很容易就被这种氛围打动了。

所以，打造出爆款首先要做的是拆解爆款、分析爆款，要先看过足够多的爆款内容。比如你是做美妆的，就去寻找小红书排名前十的美妆博主，拆解他们的优质作品；或者搜索某一单品的关键词，看一下和它相关的爆款内容。然后将爆款笔记进行汇总，从选题、标题、封面、内容、排版等方面分别拆解，寻找共性，寻找火爆原因，再融入你的笔记中。

著名企业家马斯克有成功的信念，在特斯拉无数次面临倒闭时四处筹款，否则特斯拉早就消失了。你做爆款笔记也是一

样的,你要相信你的作品可以成为爆款,比别人坚持得多一点才可能成功。

"如果真这样做,我岂不是在他们内容的基础上删删改改,就也能做出爆款笔记了?"

我点点头,他终于理解了真相——所谓爆款都是重复的。只有见过爆款,才能做出爆款。现在我将这个流量密码告诉了你,请你相信爆款是重复的。

本节小结

1. 爆款都是重复的,你只有见过爆款,才能做出爆款。

2. 70%和爆款相似 × 足够多的试验品 = 100%爆款。

第三节
要非常专一

佟灵是一个热爱生活的女孩子,兴趣爱好非常广泛:美食、穿搭、摄影、旅行……她的朋友圈每天都在更新。

有一天我们一起吃饭,我建议她尝试做小红书,写自己热爱的东西。她一下子来了兴趣,问了我很多问题,还记了笔记。

不久后看到她的朋友圈,我突然想起之前给她的建议,于是问了问她的近况。

"做小红书太难了,我每天都会很认真地分享,但点赞不多,粉丝也没怎么增长。"

"你做的是哪一领域呢?"我问道。

"什么都做吧,旅行的时候写探店,在家的时候写美食,周末也会写写摄影和穿搭……"说着,她把她的小红书链接推送给了我。

我看了一会儿,发现她的笔记内容五花八门,有一些确实很吸引人,但是我根本不知道她是做什么的。她的主页上只写着"热爱生活的佟灵"。

我告诉她:"做小红书,你要非常专一,选择一个细分领域,把它做到最好,成为这个领域的头部,这样你才有可能成为大 V。不信你看那些已经成为小红书大 V 的博主,都非常专一。"

小红书博主 @娉爷数学课堂,是我亲手带她运营的。以"数学课堂"为昵称关键词,以博主的职业照做头像,简介配上"教育公司金牌教师,5 年一线教学经验,累计学员 10 万+,分享中小学提分秘籍"这样的文字,目的是突出博主极强的教学水平和数学老师的定位。她的笔记封面大部分以"初中数学"和"小学数学"为标题。从头像、昵称、简介、笔记封面全方位展现博主的个人定位,极其专一

的博主当然能够轻松获得用户关注。

小红书账号 @ **暖男美食**的简介非常简约，但简约即专注。"用美食温暖你"，很清晰明了地表达了自己分享的领域是美食烹饪，配以与昵称相呼应的暖男头像，一气呵成。

小红书账号 @ **裤子说香水**的简介中提到"拥有 1000 瓶香水"，以数据化的表达清晰直接地展现出个人最拿手的领域，同样配以"香水"为关键词的昵称，一眼望去，就知道这里是香水爱好者的聚集地。

图注：图中的"别在把皮丢了"应为"别再把皮丢了"。

于是佟灵根据自己的爱好最终决定做一名旅游博主，分享"网红"景点、门店。这是她一直在做的事情，做起来得心应手。她按照我分享给她的方法，发布了几篇旅游类笔记，很快就开

始涨粉，一周后做出了点赞量上万的笔记。

所以，想要成为小红书的大V，你要非常专一，要让别人一眼就知道你是做什么的，这样才能让用户感受到你的价值。也就是说，当用户看到你的内容或账号时，你需要给用户一个关注你的理由，而不是让他们通过内容去猜你是干什么的，因为行动成本太高，用户可能直接就划过了。

也有很多人，连自己想要做什么都不知道，就开始做小红书账号了。

我的一个朋友想做知识付费课程，需要通过自媒体引流，我问他想分享什么内容，他说赚钱、恋爱、风水都可以。我说你这样是不可能做起来的。

发了很多笔记却依然不火的原因就是垂直度不好，垂直就是领域专一。相比多面的立体的你，用户其实更喜欢单一的你。

因为通常而言，你能让用户产生兴趣、共情或信任的只有一个点，这一点做好了就能拥有足够多的粉丝。你做的内容涉及方面太多，只会显得你专业性不强，内容浅显。

找准定位也可以引导自己的创作方向，不至于盲目输出。只有清楚自己的定位，才知道该研究什么样的笔记，做什么形式的内容。找准定位能让自己看清自己，更能让读者进一步看清你。

清楚了以上三个底层逻辑：不要自我陶醉、爆款重复、非常专一，接下来对于制作爆款笔记，就会得心应手。下面我们一起开启制作小红书爆款笔记的大门吧！

本节小结

1. 想要成为小红书的大V，你要非常专一。要告诉用户你是做什么的，给用户一个最直接的关注你的理由，这样才能让用户感受到你的价值。

2. 同时你需要保持专一，选择一个合适的领域坚持去做。相比多面的立体的你，用户其实更喜欢单一的你。

第二章

精准定位：
给用户一个
关注你的理由

PART 2

第一节
"定位三问法":找到你的精准定位

一村是我的助理,和我一起写书。他的经历比较丰富,从大学到现在做过很多项目和活动——创业时期做的校园团队内容问答、校园自媒体项目,获批过省教育厅 B 类大创申请;参与过公益支教项目,撰写的支教文章曾在中国青年网发表;参与过省象棋联赛,是中国象棋四级棋士;也曾在互联网大厂做过付费社群运营,做过职场技能培训,为大学生进入互联网大厂提供帮助。

他曾受到不少称赞。的确,在同龄人中,他的经验和经历更丰富些。但他说:"每次自我介绍,我都不知道怎样介绍自己,怕说得太长抓不住重点。"

我问他:"如果只用一种本领来代表你,你只能依靠它赚钱,你会怎么选?"

一村犹豫了一下,说:"我好像并没有找到我的核心本领是什么，虽然在某些方面有点滴成就，但都是兴趣使然，离靠它赚钱还差点。"

他的问题其实很常见："斜杠青年"，有多项技能、兴趣爱好和身份标签，但不明确自己的核心技能是什么；涉及领域广泛，但服务的目标群体不够集中；会很多技能，但不懂得做减法，做自媒体的定位不够明确。

我们总是想要得太多，不知怎样取舍，难以抓住重点。实际上人的精力是非常有限的。

什么都想做，往往什么都做不好，什么都在做，但什么都做得不专一，那么你一定避免不了"泯然众人"的结局。

杰克·特劳特在《定位》中问道："如何让你在潜在客户的心智中与众不同？"

我心里的答案是：在定位时找到你最擅长的一点，把这一点作为你的核心发展方向，你所做的所有事情都围绕这一点，刻意练习，把关于这个点的小事做到极致。

就像游戏里打怪升级一样，打赢别人不全是靠华丽的大招，更多的是把游戏角色里最基本的"普通攻击"练到极致。

以我为例，我从众多的爱好和技能中，找了最擅长的点——制造爆款。

我 2017 年初来到北京，在一家头部新媒体公司实习，写过很多百万阅读量的爆款公众号文章。后因短视频兴起，我入局短视频领域。由于我对制造爆款内容有一定经验，因此加入腾讯公司后我专做短视频,在系统的大平台琢磨出了一套方法,并出版了《人人都能做出爆款短视频》《从零开始做内容》等书籍。从2017年初到2020年底,我的收入涨了55倍。

我帮助众多内容从业者解决了爆款内容的写作问题,用通俗的语言把新媒体内容讲清楚;我帮助了诸多知名企业客户通过新媒体平台创造爆款,从而把吕白和爆款画等号。"吕白=爆款"已经形成了爆款领域的一个代名词,后面我准备再用10本书来锁定这个定位。

具体为:

定位:吕白=爆款

文字钉:底层逻辑

视觉锤:白色

这不仅给我带来了影响力和很多宝贵的合作机会,也带来了财富。

其实做小红书也一样,你要找到你的努力方向,不断积累这方面的能力并持续变现。而这个方向,就是你的差异化竞争力。

依靠差异化竞争力,你就可以在小红书绽放光芒,给用户一个关注你的理由。

那么怎么找到差异化能力,并将其作为定位做出爆款小红书笔记呢?可以试试我的"定位三问法"。

第一，你被人夸过什么 / 哪些方面？

第二，别人是否愿意为夸你的点付费？

第三，你为什么东西付出最多？

1. 你被人夸过什么 / 哪些方面？

首先，充分了解自己，想想自己有什么优势，然后找准定位，只管努力执行。

现代管理学之父彼得·德鲁克曾说道："管理者要用人所长，这是卓有成效的管理者的一项基本素质，要招聘有明显长处的人，一个善于挖掘自己优势的人才抵得上五十个平庸的员工。"

你可通过目前比较权威的职业性格测试理论挖掘你的优势，找到你的定位。

这里推荐三种职业性格测试理论。

（1）迈尔斯－布里格斯类型指标

迈尔斯－布里格斯类型指标（MBTI）是国际流行的人格类型理论模型，主要用于指导被测试者选择适合自身的职业发展方向。

它从不同个体复杂多元的个性特征中归纳总结出四大关键要素，分别为注意力方向（精力来源）、认知方式（搜集信息）、判断方式（做出决策）、生活方式（应对外部世界），从而得出不同人的偏好。

再将偏好细分为外倾（E）和内倾（I）、感觉（S）和直觉（N）、思维（T）和情感（F）、判断（J）和知觉（P）。由此构成MBTI的16维全方位指标。它的优势在于利用理论模型判断和分析人的个性，从而顺利地把不同人的性格特点进行较为客观的区分。

INTP 建造者	INTJ 策划者	INFP 医治者	INFJ 辅导者
ENTP 发明者	ENTJ 指挥者	ENFP 奋斗者	ENFJ 教育者
ISFP 创作者	ISTP 艺者	ISTJ 检查者	ISFJ 保护者
ESFP 表演者	ESTP 倡导者	ESTJ 监管者	ESFJ 供给者

（2）霍兰德职业兴趣测试

霍兰德职业兴趣测试由著名职业性格研究专家霍兰德编制。他认为，个人职业兴趣特性与职业之间应有一种内在的对应关系。根据兴趣不同，可将人格分为六大基本类型：研究型（I）、艺术型（A）、社会型（S）、企业型（E）、常规型（C）、现实型（R）。每个人的性格都是这六个基本类型不同程度的组合。

这六大类型区域的界限并非清晰，他是以六边形的形式来表示六大类型的关系的，如此便可分为相邻关系、相隔关系与相对关系。霍兰德把自身对职业环境的研究与职业兴趣差异进行高度结合，因此这一测试对个体职业咨询有着极高的引导作用。

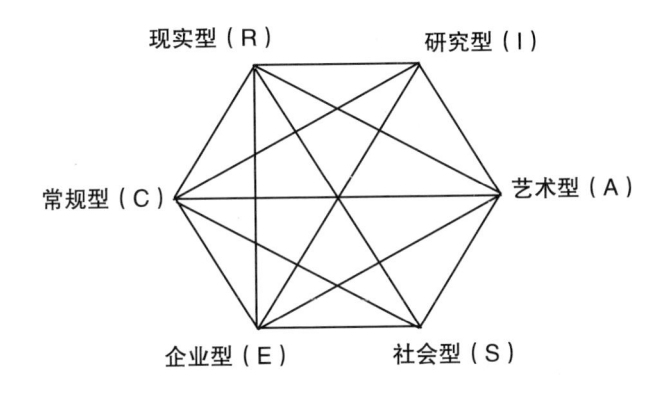

```
          现实型（R）         研究型（I）


   常规型（C）                      艺术型（A）


          企业型（E）         社会型（S）
```

（3）盖洛普优势评估模型

盖洛普优势评估模型（又名克利夫顿优势评估模型）包括四大维度：执行力、影响力、关系建立与战略思维。在此基础上又详细分为 34 个才干主题。因而可以具体形象地描述个体的潜在优势与驱动来源，让测试者更具体全面且真实地认识自己。

网上对它有这样的评价："盖洛普之所以会测试你的才干，是因为它是你最自然而然、反复出现的思维模式、感受或行为。正因如此，盖洛普优势测评在我眼里是一套具有高信效度、科学性的测评,它也与其他用于自我探索的工具有很大的不同。"

克利夫顿优势模型包含34个才干主题,分布在4大维度

克利夫顿优势识别器通过34个主题表现人的才干:

执行力	影响力	关系建立	战略思维
成就	行动	适应	分析
统筹	统率	关联	回顾
信仰	沟通	伯乐	前瞻
公平	竞争	体谅	理念
审慎	完美	和谐	搜集
纪律	自信	包容	思维
专注	追求	个别	学习
责任	取悦	积极	战略
排难		交往	

我一个朋友在一次饭局中对我说,他曾无意中做过MBTI测试。因为当时很迷茫,就抱着尝试的心理做了一个93题版的测试,得出的性格类型为"INFJ型人格"(辅导者)。

"INFJ型人格"具有辅导者特质,喜欢探寻思想、关系、物质等之间的意义和联系;对人对事有极强的洞察力,是本能地看到事物更深层含义的洞察力;也有强烈的责任心,并坚持自己的价值观,在实现目标的过程中有计划且果断坚定。

这类人的说服能力极强,感染力极强。他们对于公共利益有清楚的看法,愿意毫无保留地激励同伴,避免争吵。他们的贡献通常会受到尊重。

第二章 精准定位：给用户一个关注你的理由

所以，这类性格的人通常会成为伟大的领导者或出色的辅导者，适合在咨询、教育、科研等文化、艺术、设计领域有所发展。适合做培训经理、职业指导顾问、心理咨询师、网站编辑、作家、人力资源经理等与人打交道的，需要有"辅导"和"洞察"相关优势的职业。

荣格理论倾向图

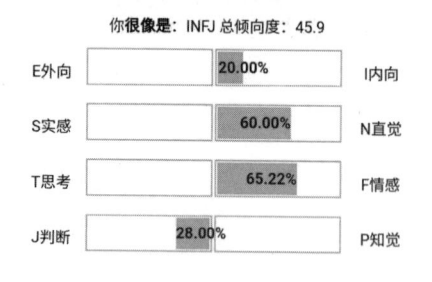

你很像是：INFJ 总倾向度：45.9

E外向	20.00%	I内向
S实感	60.00%	N直觉
T思考	65.22%	F情感
J判断	28.00%	P知觉

他发现这里的很多描述都直击要点。

"对人具有极强的洞察力"这点完全在说他自己。他从小就有观察周边人行为的习惯，能抽象地归类，而且看人很准。

我也非常认可他"看人很准"这个优势，前些时候我想让他帮我找一个渴望成长、擅长写作的实习生，第二天他便给我推荐了合适的人选，通过面试我发现，这个实习生就是我想找的那种人。

这些性格理论测试对于初步了解自己还是很适合的，不妨通过它们来给自己做一个初步定位。

20世纪美国著名艺术家安迪·沃霍尔曾说："在明天，每个人都能成名15分钟。"现在我们已经到了这个"明天"，只要你发挥自己的优势，就有成名的机会。

除了上面的测试，通过其他人的夸赞也能了解自己，发现优势所在。为什么要通过别人的夸赞了解自己呢？因为你对自己的认知有偏差，你会不自觉地陷入优势陷阱中，对自己擅长的事做得顺手觉得理所应当。但殊不知，这被别人夸赞的事情就是你的优势。

别人的夸赞可以帮助你走出优势陷阱。将他人的夸赞和对自身的充分了解相结合，可以更好地找到你所擅长的事情。

不妨组织一次关于你的一对一或一对多的"夸夸会"，选择你的父母、朋友、同学以及同事，尽可能涉及各个年龄层，和他们聊聊天，通过他们的夸赞详细挖掘自己的闪光点，挖掘得越细，越能得到正向反馈，从而找到自身优势。

2. 别人是否愿意为夸你的点付费？

没有价值交换的夸赞都是表面的，只有对方愿意为你付费，才是对你真正的认可。

当你想验证别人是否愿意为你付费时，可以利用自己的特长设计一个简单的付费小产品。比如你擅长制作演示文稿（Microsoft Office PowerPoint，以下简称 PPT），可以做一个《工作中如何快速做出实用精美的 PPT》的小型课程，明码标价售卖你的课程，查看收益结果。再比如你擅长情感疗愈，帮助人解决情感纠纷，你可以开展"咨询服务"，售卖你的时间。如果有人愿意付费，就说明他们对你的能力是认可的。如果没人付费，你就要重新思考你的发展方向是不是不够具体、有没有适合市场需求，然后再做出细化和调整。

3. 你为什么东西付出最多？

苹果公司创始人史蒂夫·乔布斯曾说过："你的时间有限，所以不要为别人而活。不要被教条所限，不要活在别人的观念里。不要让别人的意见左右自己内心的声音。最重要的是，勇敢地去追随自己的心灵和直觉，只有自己的心灵和直觉才知道你自己的真实想法，其他一切都是次要的。"

你心灵和直觉指引你所做的事情，就是你付出时间最多的事情。如果你暂时还没有发现，可以通过测评和"夸夸会"了解自己擅长的事情，也可以通过下面这个方法挖掘自己的优势。

不妨找一个安静的地方，拿出一张纸、一支笔，闭上眼睛，认真回忆你过往的成就：你曾经拿过哪些奖？你为了什么事花的时间最多（不管喜欢还是不喜欢），主动行动还是被动接受？通通列举出来，用笔在纸上写下来。接着，思考这些事情是否有交集。

还是拿我的助理一村举例，他做过校园自媒体、内容问答项目、公益支教、互联网运营，也做过付费社群，现在跟我一起做内容输出。看得出来，他非常爱折腾，也收获了一些成果。在一次小红书定位会上，我问他："你为什么东西付出的时间和精力最多？"他认真思考了一整天，深度回顾了之前所有经历和经验。第二天上班后，他兴奋地跟我说："原来我做的这些事情其实都是在写作！写作就是我核心的能力。"

他说:"我从今年年初开始写每日复盘,到现在已经复盘了100多天,朋友圈日更共70多篇关于成长认知的笔记,这些都是写作。再回顾大学期间在河南乡村支教时写出了一篇老兵专访的文章,被中国青年网报道,这是写作的成就;现在跟你一起整理书稿,也是在写作。从单纯地想写点什么到有主题地写点什么再到系统地写点什么,我为写作这件事情花的精力越来越多。"

他从自己的经历看出,为写作这件事他付出得最多,因而找到了定位。

乔布斯曾说:"成就一番伟业的唯一途径就是热爱自己的事业。如果你还没能找到让自己热爱的事业,继续寻找,不要放弃。跟随自己的心,总有一天你会找到的。"这句话送给正在寻找自己发展方向的你们。

小红书情感博主@**活力少女阿珍**是我的一个朋友。她从大厂裸辞,半年时间把账号从0粉丝做到了25万,收入涨了10倍。但在做这个账号前,她对自己的未来非常迷茫,于是找我给她指明方向。故事要从今年年初说起。

在短视频刚刚兴起时,她尝试做过搞笑、情感、美食、美妆类账号,但都没有起色,她对此很是苦恼。

一天下午,她花了1000块钱约我出来沟通,精心准备了她的作品给我看。我发现她的表现能力很强,这是她的优势。我问她:"回想你的过往,你为什么东西花的精力最多?"她沉思了一会儿说："我在情感交往上略有经验。"

我问道："具体是什么情感呢？"

她说："男女交往、朋友交往、社交礼仪等。"

我回道："对，这才是细分领域。选择大于努力，选对赛道很重要。情感知识类内容在小红书很受欢迎，你可以利用你的表达优势，做最搞笑、最能让人开心的情感博主。"

她立刻明白了自己的定位。回去后，她调研了小红书情感博主，发现其中很多都一本正经坐在那里讲，没什么特色。她想："在搞笑领域里闹腾，是一件正常的事情，但在情感领域里闹腾，应该是我的差异化优势所在。"

她深度思考了许久，也问了身边很多朋友，最终决定做一个让人开心的情感博主。

后来她在选题遇到问题时，给我看了她的作品。她很有自信，觉得自己做得特别好，而我仔细看过后说："你这些作品并不具备产出爆款的能力。"

她很受打击，也很疑惑，我进一步解释道："爆款都是重复的，你所有见过的爆款，都在大同小异地重复，切记不要自己去想爆款，要从爆款中做出爆款。"随后便举了一些例子给她看，连续看了几个爆款重复的案例，她特别惊讶！后来她表示，这句话让她印象特别深刻，影响到了她后续的创作之路，也是她迅速涨粉的秘诀之一。

她是设计师出身，觉得自己做的东西就是牛，觉得别人都不懂她，也很排斥模仿的行为，总要自己想出创意点。而现在，"爆款都是重复的"彻底改变了她做新媒体以来最大的思维误区。

她的账号定位是情感，可以用表格记下该类目下冒出的爆款笔记，如：《男友最喜欢的聊天方式》《千万不要这么跟男生聊天》《聊天的错误方式》《和男友的聊天禁忌》，等等。

在尝试了几篇笔记之后，果然，她的笔记火了。一晚上的时间，粉丝数从1000直接暴涨到1万。

事后，她与我分享复盘，总结出最重要一点，就是模仿爆款选题，结合自己的经历去讲述。

做"和男生的聊天禁忌"这个选题，小红书博主都有固定的内容框架：查岗汇报式聊天、质疑式聊天、自我陶醉式聊天、打卡式聊天、持续性聊天。根据这些内容框架，再结合自己搞笑的特点，用自己的经历描述一遍，并输出观点和故事。一个爆款视频就这样诞生了。

她说：做自媒体是痛并快乐的；做小红书并不轻松，

必须要不断学习，当然也遇到过很多困难，数据不好时为数据焦虑，接不到广告时为变现焦虑。

粉丝涨到3万时，她进入了瓶颈期。这期间，她为了契合合作公司需求，犹豫是否要转型。但后来她还是决定全心投入制作情感内容。她想，小红书里喜欢情感的人不可能只有3万，为什么不把粉丝再提高一个量级后考虑转型？一定还能再吸纳粉丝。

于是她继续深挖爆款选题，直到《拿下校草攻略》这篇突然爆火，破局涨粉，爆火的主要原因在于她讲述了亲身经历，再加上搞笑诙谐的方式，半月左右时间，她的粉丝从3万跃升到了10万。

粉丝量涨到10万之后，她再次遇到瓶颈期，但一直以开放者心态观察同领域博主。最终她决定以"拉片"的形式对标情感大博主，在细节上下功夫，实现内容结构升级。

什么是"拉片"？分析对标博主的内容，0—10秒讲什么？10秒—1分钟讲什么？1—3分钟讲什么？结尾10秒又讲了什么？用了什么音效？用了什么音乐？镜头是近景、中景还是远景？

在分析了数十篇笔记，对视频形式做了非常细致的研究之后，她发现可以补充和模仿一些细节。结构由原来的总分总改为了起承转合，也添加了黄金开头、10秒共鸣故事吸睛等形式，同时缩短了内容时长，从6分钟缩短到3分钟。在表现形式上又升级了进度条样式。

在标题方面，她把两行标题改成四角方块字加中间句子的形式，这样更吸睛，更能抓住重点。没多久，就做出了账号建立以来数据最火的笔记——《如何夸人》。

这个视频中的进度条形式，让用户更清楚地了解了视频内容全貌，也起到吸引用户继续看下去的作用。

在选题方面，她也在谋求转型和升级。在原来情感定位基础上测试了社交选题后，发现关于社交的笔记数据都不错，用

户反馈良好，于是决定在社交选题方面多投入精力，创作社交领域笔记，分享怎样交朋友、如何夸人、怎么做自我介绍等内容。

定期复盘后她发现，社交类内容数据已经远超情感类的了，且社交内容得到的反馈更多，粉丝量也从16万涨到了最近的25.2万，日均涨粉超过1000。同时每月可以接到数条广告，月变现超过10万。

阿珍通过她的努力，从零开始做小红书，仅用半年时间便从0粉丝涨到25万粉丝，工资涨了10倍。这其中最关键的一点就是，她在运营前期能够精准确定自己的定位。

所以，你不妨也抽出一段时间，静心整理你为什么事情付出的精力最多，这些事情是否有关联。你付出精力最多的几件事，就是你的兴趣和你的核心发展方向，而这些方向也将会成为你做小红书的"定海神针"。一旦你找到自己的精准定位，发展方向极其清晰，你必会在小红书里爆发式成长，实现财富增值。

本节小结

1.精准找到自己的定位。将最擅长的事情作为自己的核心发展方向，把基本功练到极致。给自己一个定位，给用户一个关注你的理由。

2.定位三问法：你被人夸过什么/哪些方面？别人是否愿意为夸你的点付费？你为什么东西付出最多？不断询问找准定位，将其深入到用户印象中，你必会在小红书里大放异彩。

第二节
聚焦法：先发散再聚焦

前面通过定位三问法，可较为清晰地找到你擅长的领域，但这还不够聚焦。就好比在你毕业找工作时，我问你想去北方还是南方，你说想去南方。那具体去南方哪个城市哪个区？你要选择哪家公司？做什么工作？这些都要经过仔细思考，并结合外部市场环境来做选择。

当你用"定位三问法"定位后，你可能还会难以取舍。你擅长的领域和个人爱好加起来也许有三个方向，这很正常，比如我既能讲新媒体爆款，又能讲个人成长，还能讲财富。

都是我擅长的，经历也是刻骨铭心的。既然这样难以选择，不如让用户、数据告诉你答案。

你要明白一个事实：有时候我们的感觉是错的，要敬畏数据，敬畏用户。通过具体、实际的数据，让小红书社群用户明确告诉你，哪些领域容易出爆款。

第二章 精准定位：给用户一个关注你的理由

关于找具体定位，我总结了一个方法叫"10-3-1 聚焦法"，即先发散再聚焦。

那么什么是"10-3-1 聚焦法"？如何先发散再聚焦？

10：根据定位三问法，挖掘出你最擅长的 3 个领域。在这 3 个领域中，分别找 10 个爆款选题进行尝试，总共尝试 30 篇日更内容。

3：对比数据，分析哪个领域的选题的市场数据好。从这 30 篇笔记中筛选出最火的 3 篇，聚焦这 3 篇所属领域，深挖细分的关键词并尝试。

1：最后通过数据分析，确定最火的那 1 篇笔记的选题内容。不断挖掘细分关键词，聚焦这个领域选题，垂直创作这方面内容，不断模仿爆款做出爆款。

通过"10-3-1 聚焦法"，将 30 篇笔记筛选成 3 篇笔记，再筛选到 1 篇笔记，从发散到聚焦，帮你找到擅长的领域。

前些时候我约聊了一位小红书博主@**法拉学姐**。

她是香港中文大学的社科博士，目前在香港某高校任教，是一位用英语教传播学的大学老师，也是

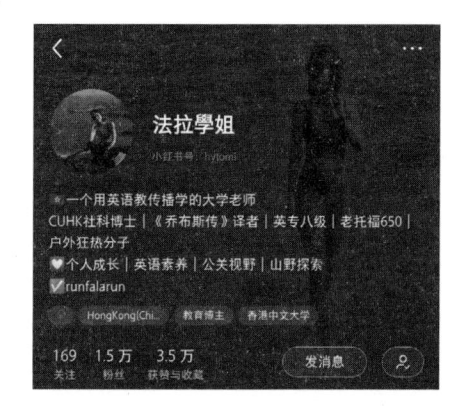

英文著作译者，曾译《乔布斯传》，通过英语专业八级考试，托福 650 分，同时还是摄影爱好者，酷爱山野探索。

她的技能非常多，我问她："你做小红书是如何定位的？"

她告诉我，她把兴趣、能力、资质背景、市场需求、变现能力这几个维度做了一张表格，每项技能按百分制打分，排除几个分值低的，最终确定 1~2 个主攻领域和 1~2 个次级领域，以此丰富人设打造差异化。

最终确定的是博士经历、英语翻译、山野探索三个方向。博士经历、英语翻译是主攻领域，山野探索是次级领域。在主攻领域发布笔记的频次会高一些，在次级领域的频次会低一些。

做小红书前期，她的人设定位并没有非常垂直，反而非常"平行"。也就是采用了"10-3-1 聚焦法"，在这三个领域中分别做了 10 篇左右的笔记。

做了一段时间，发布了近 30 篇笔记之后，她对比数据分析发现总共爆了 4 篇笔记，分别是：《港中大博士学姐：我如何抵抗抑郁和焦虑？》《跑过自己｜37 岁，跑步和运动让我摆脱年龄焦虑》《英语我熟｜资深博士译者教你打造全英环境》《香港街拍｜恍如隔世的 2019·之油尖旺的夜》。《港中大博士学姐：我如何抵抗抑郁和焦虑？》《跑过自己｜37 岁，跑步和运动让我摆脱年龄焦虑》这两篇说的是读博时的成长经历，分享故事和成长干货，这是她主攻的领域。

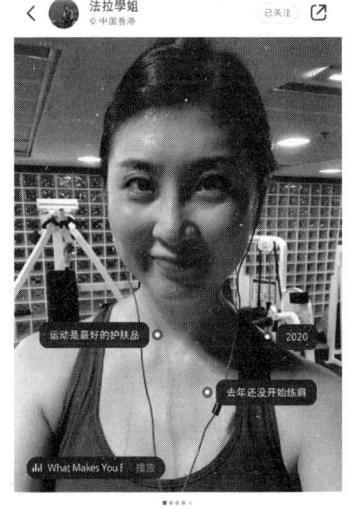

《英语我熟 | 资深博士译者教你打造全英环境》，与英语翻译相关，属于英语类干货，也是她主打的领域之一。

《香港街拍 | 恍如隔世的 2019·之油尖旺的夜》属于山野探索等旅游相关的次级领域。

从这几篇爆款笔记中可以看出，描述博士成长经历，分享读博遇到的问题（如焦虑、抑郁等）并给出解决方案，这类笔记非常受粉丝欢迎。

爆款小红书

我给她的建议是：依托女性成长这个大领域，主要分享读博故事和干货。因为从数据表现可以发现关于抗抑郁和焦虑的选题特别火，她的博士身份、抗抑郁特质非常引人注目，用户想从她身上获得相关的情绪价值。

此外，可以把英语融入进去。用英文描述如何抵抗抑郁和焦虑，将同一爆款内容用不同语言再讲述一遍，顺带分享英语学习干货，同时也要把握笔记的更新频次。所有故事都以博士身份为基准点，发散再聚焦。

她也反馈说博士这个人设是她亲身经历，不需要伪装，她在求学路上有很多故事都值得在小红书分享给粉丝们，输出经验和干货。

紧接着，她有了一个疑问："以读博经历讲述女性成长，具体该聚焦到哪一类人身上呢？帮助硕士申请'直博'，还是鼓励宝妈或者朝气蓬勃的大学生追求梦想？"

我和她说，你要先聚焦一类问题，再分析哪类人会遇到这些问题，再针对这类人的其他需求做文章。就比如人都会遇到焦虑，那么哪类人会更焦虑？更希望解决焦虑的问题？

她恍然大悟道："正如我在小红书讲述博士如何抵抗焦虑和抑郁，所吸引的粉丝或多或少都想解决焦虑这个问题，这些粉丝就有：硕博在读生、迷茫的本科生、焦虑的宝妈以及压力大的工作党。未来我只需要分析其中哪一类用户占比更高，针对这类用户的其他需求分享干货、设计产品并变现。"

我说："没错，在选题上先发散再聚焦，你找了关于焦虑抑郁的解决方法的选题；在人群上也同样先发散再聚焦，根据选题吸引的人群，综合判定最终的目标人群。"

聊完之后，她十分感谢我让她的定位更加清晰了，变现路径也更明确了。

我还有一个朋友，是小红书博主 @vivi 维姨。她刚尝试做小红书不久，主要分享生活、穿搭好物、赚钱方法等，也爆过几篇笔记,但最近粉丝量一直涨不上去,于是跑来问我:"你看我的几篇爆款笔记,好像都与读书相关,我一直在犹豫做穿搭还是读书分享,好像都挺适合我的。"

我看了她的笔记数据,发现读书分享笔记的数据比穿搭和其他类的数据好得多。比如《高铁6小时｜从负债到富有,这些习惯改变了我》《我的创业书单｜让你找到赚钱方法的5本书》《高铁8小时｜99%的人不知道的变现渠道》。这些笔记都在围绕畅销书表达自己的阅读感受,非常受粉丝欢迎。她表示自己也很意外,以为只是巧合。

我说:"从这些数据反馈来看,用户已经替你选好定位了,所以你做读书分享更有潜质。"

她频频点头,告诉我做读书类的图文笔记时她都是按照《从

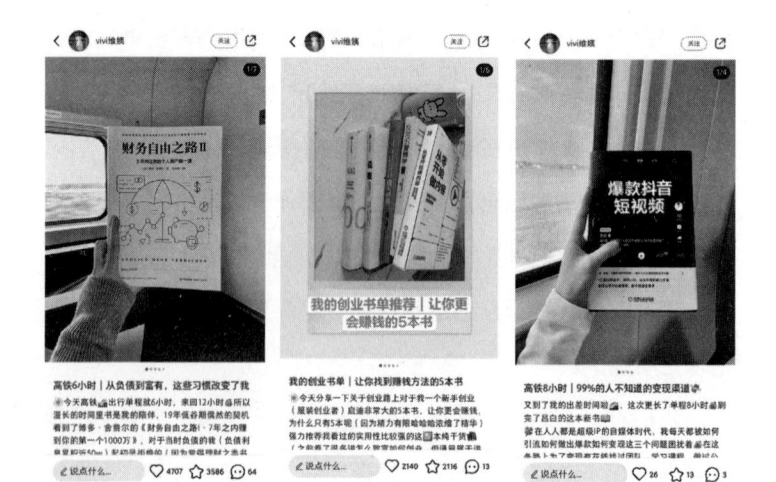

零开始做内容》里的知识点尝试的。我听了之后既开心又惊喜，接着告诉她："'美女+服装'的内容赛道太过拥挤了，根据以上分析，你可以策划出镜录视频做读书分享，后续向个人成长的类型转化。'颜值+知识'的定位目前比较稀缺，稀缺就是价值，我看得出你有大博主的潜质，加油！"

听完之后，她特别感激我，觉得自己未来的定位和运营方向更清晰了。

前段时间，一位粉丝量超过10万的小红书博主**@阿媛学姐**来找我咨询运营问题。她很苦恼，自己明明粉丝不少，接到的广告推广却不如意，数据反响不佳，于是问我有没有解决的方法。

我问她："你主要分享什么领域的内容？接到的品牌是什么性质的？"

她得意地说："我分享一些女性成长干货和职场指南，偶尔也分享变美好物和赚钱方法，多做一些领域才能收获更多的粉丝。广告我接过知识教育类、化妆护肤类、美食探店类，类型比较丰富，但就是不知道为什么，接广告的频率不太稳定。"

听完后，我直接指出她的问题所在："之所以粉丝数量多，是因为不同粉丝喜欢你不同领域的分享，累积起来就自然多了。但你定位不准，粉丝质量不高，所以广告变现才不稳定。"

她好像明白了一些："你的意思是我要专注一个领域，让用户清楚地知道我的定位，也让品牌方知道我的具体定位，这样就可以持续接到同一领域的推广了吗？"

我点点头，也向她介绍了"10-3-1聚焦法"。先发散再聚焦，发散就是为了更好地找到粉丝喜欢和博主热爱表达的相交部分。聚焦在这个相交的垂直领域，才能在火中做出更火的选题，不断发挥价值，相信她的笔记会更加有影响力。

本节小结

1. 有时候我们的感觉是错的，要敬畏数据，敬畏用户。从用户思维出发，不要单凭我们的感受盲目输出。敬畏数据，从客观理性出发，才能使用户关注。

2. 10-3-1聚焦法：在热门领域里寻找10个爆款选题，按照综合数据筛选3个最优选题，最后决策出1个最优选题。由浅入深，不断靠近你擅长的领域。

3. 先发散再聚焦。发散是为了寻找粉丝喜欢和你热爱表达的相交部分。聚焦这个相交的垂直领域，才能做出更火的选题。

第三章

"号设化"运营:
做好小红书的"四件套",快速吸睛涨粉

PART 3

第一节
昵称：用户认识你的第一张名片

取昵称最重要的目的是让用户知道你是谁、你能做什么、你做的事情是否对他有帮助，让他更加清晰地认知你的价值，从而给他一个关注你的理由。

上一章提到的小红书博主 @vivi 维姨，她在取昵称时就曾摸不着头脑。

我打开她的主页，第一感受是不清楚她的定位，我说："你的昵称看不出定位，用户第一眼看过去，不知道你是做什么的，这样是不转粉的。我有个建议：你想做服装穿搭博主，就命名'维维的小衣橱'；想做赚钱干货博主，就命名'爱赚钱的维维'；分享读书就可以叫'维维爱读书'。这样别人一眼就能看懂你是干什么的，才能转化为粉丝。我做教育领域的账号时试过，突出账号领域和专业，转粉率比之前好了 10 倍。"

她听后明白了，当时还没有想好如何做，准备都尝试一下。

一个让用户瞬间知道你是做什么的昵称尤其重要，关于取昵称我有一个公式：

爆款昵称＝简单好写常见的昵称＋内容细分领域

或者调换一下顺序也可以。还要注意，昵称千万别用英语，除非你运营的是时尚、艺术类需要展现独特性的账号，因为英语其实增加了用户了解你的成本。

我在负责某教育公司英语类小红书账号搭建时，就曾经亲手操盘过几个小红书知识IP打造。

小红书账号@**桃子老师教英语**的博主桃子老师，是一位英语外教，有着10年的教学经验，她的小红书账号是我亲手操盘的，目前已有16万粉丝。在最初取昵称时，她向我请教过该如何取一个好的昵称。

我说："取昵称要简单好记，要瞬间让用户知道你是做什么的。昵称要表现出你的英语专业能力，后面可以加上你的名字。"

之后她便听取了我的建议，取名为"桃子老师教英语"，这个昵称可以让用户瞬间知道她是分

享英语知识的老师。

小红书账号 @**卡罗外教教英语**的博主卡罗也是一名优秀的外教老师,这个账号也是我操盘运营的。卡罗想在小红书分享一些地道口语,她曾把昵称设置为"Teacher·Kaluo"。

我立马和她讲:"这样确实能凸显你的英语外教身份,但用户搜索起来比较困难,'名字+"教英语"'的昵称更好记,能让用户第一眼就确立'英语外教'的博主标签。"

她觉得很有道理,之后把昵称改为"卡罗外教教英语",和桃子老师类似。这样的昵称给用户留下了很深的印象。

小红书账号 @**雷神老师说英语**的昵称,采用的同样是"名字+'说英语'"的形式。雷神老师是一位教学时长累计超过5000小时的著名外教。他的小红书内容运营也是我亲自负责指导的,当时他和我说其他两位老师都采用这种形式,他想要与众不同、彰显差异,问我取什么昵称比较合适。

我和他解释说:"昵称重复很正常,昵称的意义在于让用户一眼就能判断出来账号的定位,这样的昵称对打造爆款笔记

和提升粉丝量都有好处。'教英语''讲英语''说英语'都行，只要能够突出你擅长的领域。"

他听从我的建议，把昵称改为"雷神老师说英语"，配以穿着正式的人物照片头像和几近相同的笔记封面，形成专业有料的教育博主人设，为他后续发展提供了很有力的支持。

除了教育领域，学习类、健身类等账号都可以用这种方式取昵称。

学习类，如：××爱分享、××爱学习、数学学霸××、学习达人××等。

健身类，如：××爱健身、爱健身的××、健身达人××等。

表达类，如：跟××学表达、××口才学、和××学沟通、主持人××等。

关于健身、学习、表达等领域，我也观察了很多博主。

小红书博主@**麻豆爱健身**是一位运动健身爱好者，日常分享健身标准动作规范，配以个人的精美头像、背景与"一个动作，教你×××"的统一标题形式，"四件套"完整具体地表达了健身博主的形象。

小红书博主@**阿鱼爱学习**是一位文化博主，自由撰稿人，

主要分享自己读书时的感悟，将其通过短视频表达出来。昵称"阿鱼爱学习"以"名字+'爱学习'"的结构，再加上她的内容也与读书学习相关，且带有自己的特色，完整诠释了她热爱学习的特质和人设。

小红书博主@**都靓读书**，以"名字+'读书'"的结构来取名，也非常简单。她以知性的形象气质分享书中的故事和道理，迅速走红，这个昵称也非常符合她的人设。

其他博主@**主持人亚亚**、@**君君辅食记**、@**北大学姐王宇**也都一样运用"简单好写常见的昵称+内容细分领域"的方式来取昵称，从而展现她们的人设。

我有一个朋友是保险行业的，她想做保险相关的内容分享。在取名时，她觉得名字要取得不一样，起得有创意、新颖才容易

让人记住，取得雷同直白，太土了。她其实陷入了一个误区。取名，简单最重要，被人记住最重要。"简单好写常见的昵称 + 内容细分领域"，可以让别人一眼就看出你是做什么的，比华丽难懂的名字实用很多。

她听了我分享的上述公式，还是犹豫不定。于是我跟她说："你忘了吗？我之前与你分享过，爆款都是重复的，包括一些昵称的格式。不相信的话，可以去搜索同领域博主。打开小红书，搜索关键词'保险'，然后点击'用户'那一栏，答案就出来了。"

从下图你可以看出来，**@ 雪姨聊保险**、**@ 明灯说保险**、**@ 颖姐说保险**的格式都出奇地相似。

通过以上博主的昵称，可以看出人气高的博主都有一个特性，就是昵称非常简单，让用户一看昵称就明白了博主的定位和价值。

那么，美食类博主又是如何取昵称的呢？

我们说，爆款昵称是由"简单好写常见的昵称 + 内容细分

领域"构成的，核心就是你要找到内容细分领域的关键词。在美食领域，关键词是"美食"和"探店"。

以"美食"为关键词，可以取"昵称+'爱美食'""昵称+'的美食记'""昵称+'的美食日记'"，同时还可以增加一些附加信息，比如育儿美食、减脂美食等，突出细分方向。

以"探店"为关键词，可以取"昵称+'探店'""昵称+'探店日志'"，同时最好带上地域名词。比如你是做上海探店的内容分享，则可以取"探店魔都"；又比如做成都的探店分享的 "成都庄小妹儿""财叔-NICK~成都拽哥的生活""胖娃吃遍成都""未央小姐在成都"这些账号，无论粉丝基数大小，都在昵称中强调了"成都"这个地域。

昵称是开启小红书创作的第一步，是你对外的第一张名片。取昵称最重要的目的是让用户知道你是谁、你能做什么、你做

第三章 "号设化"运营：做好小红书的"四件套"，快速吸睛涨粉 065

的事情是否对用户有帮助。小红书昵称的修改规则规定，昵称每月可以修改一次，字符限制为2~24个。1个字算两个字符，也就是昵称最多不能超过12个字。

一般我们定好昵称开始创

作后，就不再轻易修改昵称了，不然非常影响个人品牌的势能积累。同时也建议你全网昵称保持一致，这样用户更容易通过昵称找到你。

本节小结

1.取昵称最重要的目的是让用户知道你是谁、你能做什么、你做的事情是否对用户有帮助。给用户一个关注你的理由，让用户更加清晰地认知你的价值。

2."爆款昵称＝简单好写常见的昵称＋内容细分领域"，或者调换一下顺序也可以。

3.爆款昵称也是重复的。

第二节
头像：你的头像可能价值百万

头像代表的是个人形象，不夸张地说，真的可能价值百万。而关于头像的选用，我建议用本人真实的照片，这样能拉近与用户之间的距离，可信度也比较高。至于背景，建议以简单为主。可以选用自己的职业形象照，也可选用生活照、旅游照等。

我有一个热爱摄影的朋友，想通过小红书分享自己的优秀作品和摄影技巧，来获得粉丝的关注。有一天他来找我："吕白，你看看我拍的这几张照片，我感觉挺能代表我的摄影水平，你觉得哪张作为头像比较合适？"

我一看，照片风格丰富多样，有山景水色，也有人物特写。然而，我告诉他："这些都不合适。"

他一惊："啊？为什么？是还不够好看吗？我这儿还有几张。"

我笑了笑说："你的摄影水平当然毋庸置疑，但头像是用户对你的第一印象。这些照片与你的人设很难联系到一起。选择头像要注意的其实就两点，好看和真实。"

听完后他顿悟："你的意思是让我给自己拍一张好看的特写，是吧？"我点点头，之后鼓励他尝试、祝他涨粉顺利。

以下是一些领域的博主头像。我筛选了一些拥有近百万粉丝的博主，从他们的头像中可以看出一些共性，他们几乎都用自己的艺术照和唯美的生活照做头像。

1. 运动、旅游出行类博主头像

小红书博主 @ 詹小猪Coco 是一位长相出众的博主，浙大毕业。俊俏的眉眼，配上圆形夸张耳环与双色麻花辫，足以给用户留下深刻印象，完美符合"真实 + 好看"的头像标准。

小红书博主 @ 北京小风子同样是一位长相甜美的少女博主，哥大毕业，以拍摄个人生活 vlog 为主。头像中，笑靥如花的她头戴五彩花环，形象地呼应了个人简介内容"永远有梦，永远自在如风"。

小红书博主 @ 常靖悦 Anny 是一位以"胖"定义自己的博主,她拥有很符合大众审美的独特脸型。不惧怕恶意评价的她以最真实而美好的形象展现在用户面前,正如热门评论所言:"美不应该被定义为瘦,你真是长在我审美点上的女孩。"

2. 学习、文化、教育类博主头像

小红书博主 @ 万能学姐是一位甜美型教育博主,长发飘飘的形象同样符合"真实＋好看"的头像标准,以这样的形象分享成长干货与海量学习资料自然深受用户喜爱和关注。

小红书博主 @179 地形体模特老师 - 圆圆正如昵称所言,

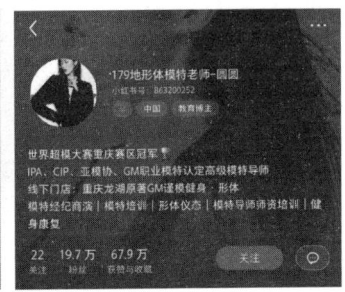

是一位获有世界超模冠军等众多头衔的高级模特，她的头像彰显了简约的特点，是典型的"真实+好看"型头像，她输出的内容以形体仪态和模特培训为主。

小红书博主@**一白学长**，本科为化学专业，硕士为金融专业，是一名95后年轻博主。他输出的笔记主打大学成长，头像中他身穿西装、抿嘴微笑，是粉丝喜爱的阳光型男孩，也同样符合学霸学长人设。

3. 护肤、美妆、穿搭类博主头像

小红书博主@**程十安an**是一位拥有百万粉丝的美妆博主。以个人侧脸为头像，符合"真实+好看"规律，主打接地气的美妆护肤教程和化妆品推荐。

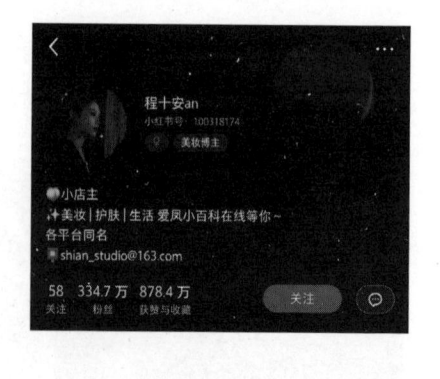

小红书博主@**七颗猩猩**的头像同样是真人出镜，墨镜麻

花瓣彰显出俏皮洒脱的女子形象。另外，@七颗猩猩主打搞笑风格的视频笔记，真实接地气的人设很符合用户口味，同样为她百万粉丝的积淀助力不少。

小红书博主@网不红萌叔Joey的个人风格同样轻松活泼。从"网不红"的昵称描述再到"好人家的男孩子"的独特简介，加上头像里一位清新蓝衣简约范儿少年和清晰有趣的主页，"四件套"一气呵成。而且他也主打搞笑接地气的笔记分享，吸粉自然水到渠成。

设置"真实＋好看"的头像有几大好处：让用户有亲切感；好看的头像赏心悦目，极大地提升个人品牌价值；增加可识别度和信任度。

除了"真实＋好看"的头像风格，许多博主也会采用动漫形式和品牌标志形式。

小红书博主@王蓝

莓是一位粉丝量高达 77 万的动漫博主，她的笔记内容主要是动漫人物"王蓝莓"的成长经历，因此头像自然为每条视频里必出现的主人公，同时也能与笔记封面形成风格上的统一。

小红书博主@小蓝和他的朋友是一名卡通博主，他的笔记主要是分享卡通人物"小蓝"和朋友们的搞笑日常，蓝色圆脸的表情头像符合账号设定，简约可爱，给人亲切的感觉。

小红书博主@天才职业故事，以"看见1000个不为人知的职业故事"为定位，他的头像是一只穿着西装的猫头鹰，表达了对不同职业的洞察力与专业性，也与漫画视频内容形成了统一。

小红书账号@VIPKID是我亲手操盘的语言教育平台，主打"每日一

本英语绘本"，分享干货，页面红底白字的标志很吸睛，还带有描绘平台定位的文字"在线青少儿英语"。

小红书账号 **@VIPKID 成人英语**同样是我指导运营的语言教育平台，每日分享英语听力学习笔记，头像是企业品牌标志恐龙，凸显了平台特色。

小红书账号 **@学习有了方法**是全网 50 万粉丝、小红书 1.1 万粉丝的知识博主，以分享学习方法为主，头像是一棵大脑形状的树，与简介"模型树学习法的发明者"相呼应，突出个人特色。

本节小结

1. 头像代表个人形象，你的头像可能价值百万。合适的头像可以让用户产生亲切感，能极大地提升个人品牌价值，同时能够增加可识别度和信任度。

2. 选用头像的关键词是"真实+好看"。建议选用自己的真实头像，这样能拉近与用户之间的距离。好看能让用户赏心悦目，给用户留下较好的印象。

3. 动漫形式和品牌标志形式也可从另外一种角度为形象赋能，产生识别度。

第三节
主页：直观清晰体现你的价值

主页也是可以体现你价值的地方，千万别浪费了，这是天然的广告位，可以再一次展示你的定位，给你带来潜在价值。

这里所说的广告位不是让你放微信号引流，放了会被官方打击的。

你可以审视你的定位，用一句话描述出来，再配上一张唯美且符合你人设的图片，可以是网络上的公版图也可以是优质的生活图，配上一句你的口号，这样能够再次告诉用户你能帮助他们什么。图片要切合自己的定位和调性。

那么如何找到好看又精致的图片呢？

前些时候，我请教了小红书内部的运营朋友，她告诉我小红书博主都在用的图片软件和小程序。我在这里都推荐给大家。

1. 少女壁纸 iOS

"少女壁纸"是一款壁纸藏量极其丰富的软件，风格也很符合小红书的专属调性，很多小红书博主的封面都来源于这里，不过这个软件只有 iOS 系统的手机才适用。

2. 堆糖 iOS /Android

"堆糖"同样储存了海量图片，是市面上热门的图像类软件，收纳了旅行风景、美食、电影、明星等多种类型的高清壁纸、头像、表情、动图素材，总有一款适合你。

3. 每日壁纸杂志 iOS/Android

这是第一款以 wallpaper 为主题的杂志类图样应用，汇集了摄影师、平面设计师、时尚修图师等专业人士的高级作品，堪称专为壁纸迷打造的平台。不过需要注意的是，"安卓版"需要百度搜索才能发现。

4. WalP iOS/Android

这是一款非常有特点的图像软件，各大厂商的自带壁纸都被收入其中，包括苹果、谷歌、华为等几十家。可以通过搜索手机型号来查找相关壁纸，缺点就是下载时间较长。

WalP官方版
版本：v6.0.2
类别：摄影美化
大小：7.38M
系统：Android

优先下载应用市场
安装，更安全

普通下载

5. Pexels iOS/ 网站

网址是 www.pexels.com，它里面汇集了很多才华横溢的摄影师的优质作品，而且大部分都可以直接免费下载。可以分标签查找百万张高清美图，有的还带有动画效果，是一个值得收藏的宝藏网站。

6. 壁纸精选 小程序

这是一款收有海量手机壁纸的小程序，分类清晰且有大量专辑推送，除了壁纸还提供表情、头像等优质资源，非常适合手机内存紧缺的人士。同类型小程序还有"纸塘壁纸PRO""高清壁纸精选"等。

在制作主页图之前，有三个值得你不要忽视的细节问题：第一，小

红书主页图尺寸长宽比为5∶4；第二，图片上传到小红书主页后颜色会变暗；第三，下拉你的主页，图片会被放大。

以上三个细节十分重要，掌握这些细节，你的运营效率和主页美观度会得到提升。

做小红书的内容要用心，很多爆款的秘密都藏在细节里，细节做得好，内容优质且具备差异化，再加上运营到位，你的笔记数据情况自然会很好。

如果你不了解主页图的长宽比是5∶4，你可能在花了很多心思去做图、添加了很多元素、布局好很多信息之后，发现自己精心制作的图片竟然没有显示完整，这就费力不讨好了。

本节小结

1.小红书博主都在用的6个图片软件和小程序：少女壁纸、堆糖、每日壁纸杂志、Walp、Pexels、壁纸精选。

2.主页的意义是什么？主页是可以体现你价值的地方，是一个天然的广告位，方便再次描述你的定位，给你带来潜在价值。

3.三个你不要忽视的细节问题：小红书主页图长宽比为5∶4；图片上传到小红书主页后颜色会变暗；下拉你的主页，图片会被放大。

第四节
简介：一句话讲明你是做什么的

如果说前三项的作用是吸引与铺垫，那么简介的作用就是立竿见影地体现你的人设，以获得用户更深的信任感与认同感，从而增强对博主的认可度。

获得用户关注的本质是，你刚好需要，我恰好专业。

因此，我将从"我很专业""我很特别""我很厉害"三大要点入手，用九大典型案例，为大家全方位讲述简介的快速编写方法。

1. 我很专业

在简介当中，要着重体现你的专业和特长，所谓"专业即价值"，我们要达成的目的就是通过短短几行字的描述，迅速把自己的人设展示给用户。这里有两个重点描述方向：数据化描述+具体领域定位。除此之外，我们还可通过添加emoji表情来分清层次，避免单调乏味。

小红书@娉爷数学课堂这个账号是我在某教育公司带团队亲手操盘的，简介从最初的无章法，到后续转变为专业化描述，转粉效率提升了十倍不止。

"5年一线教学经验，累计学员10万+"即为数据化描述，展现专业教育能力。"善于总结方法模型，分享中小学提分秘籍"即为具体领域定位：中小学教育博主，满足学生及家长的需求。我操盘这个账号的时候，它就因为合适的定位一炮而红。

@Will的医学护肤里，"8年留学，澳洲TOP1医学院"为数据化描述，展现高级护肤水平，同时响应了博主昵称。"主攻国际品牌和国货护肤成分研究"为具体领域定位：医学护肤达人，满足护肤人士的需求。

@一只佩佩佳里，"4年平面模特，花6位数砸脸上的护

肤狂魔"为数据化描述，展现穿搭护肤的专业水平。"穿搭、护肤、健身，变美tips跨界选手"为具体领域定位：从三项个人专长分享变美秘籍。

再具体点，我们可以总结出以下几种典型句式：

××职位+××年/天相关经历+××奖项证明

善于××，已帮助××人实现××目的

分享××具体领域内容，帮助你实现××目的

主攻××、××等领域，擅长××、××等内容

所以，"我很专业"的表达是较为常见的简介写法，也是最适合素人博主的写法。

2. 我很特别

如果你担心"我很专业"的简介过于单一，那么"我很特别"的高级文案或许能更加彰显你的个人品牌。这里也有两个描述方向：高级文案+共情话术。

@只穿高跟鞋的汪奶奶里，高级文案为"年龄只是数字，我的精彩人生才刚刚开始"，精准定位了年龄焦虑的用户群体。再配以风格独特的昵称与冲击感强烈的头像，完美打造出特色鲜明的"保养秘诀分享"人设。

@老曹说鞋的高级文案为"象牙山碎嘴子大赛金奖得主，一个低调的农村万元户"，配以"十年鞋类从业者"的具体领域定位，彰显出用有趣表达来分享低价优质鞋的博主特色。

@六酱1米5里的高级文案为"离开地球表面153cm，体重随心所欲的梨形在逃超模"，共情描述为"美丽不应该被身材定义，希望每个女孩都能找到独特的风格"，配以个人甜美照片背景，俏皮可爱女孩的形象跃然纸上，同时也很坦然地传递了身高和体重的相关信息。

相比"我很专业"的简介来说,"我很特别"更适合有一定影响力和特殊经历的人,通过差异化来显示自己的特别,从而轻松获得用户关注。

3. 我很厉害

如果你有很典型的成长经历或是有很厉害的成就,就可以迅速地向用户传递自己的特色——我很厉害。这种简介的重点就在于"一句话概括一段经历",用一句话将悬念抛给用户,继而吸引用户浏览和关注。

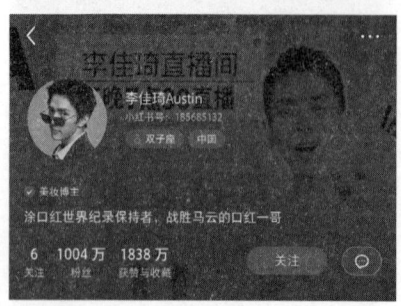

@Vier的简介里,用"清华计算机—IBM工程师—全职妈妈—兼职博主"抛下悬念:"如何实现从清华计算机毕业生、工程师到全职妈妈、兼职博主的过渡?"将用户精准定位为渴望工作家庭兼顾的妈妈们。

@李佳琦Austin的简介里,用"涂口红世界纪录保持者,战胜马云的口红一哥"抛下悬念："涂口红世界纪录？战胜马云？"引发用户的好奇心和兴趣，从而将用户的眼光顺利从简介吸引到内容上。

@ 一个幸运的伪学霸的简介里，用"提升300分逆袭211，大学毕业2年考过了公考、法考、注会五门和税务师"抛下悬念："我是如何实现逆袭成为学霸的？"将用户精准地定位为渴望通过学习改变人生的学生，继而引发其浏览与关注。

所以，"我很厉害"的简介一般适用于头部博主和一些具有超强经历和超高成就的人，起到"标新立异"的作用，可以帮助博主快速体现IP价值。

总的来说，小红书"四件套"作为快速吸睛涨粉的"号设化"运营工具，在打造个人IP初期缺一不可。一张吸引用户的好名片，是打动用户去按下"关注"按钮的关键！

本节小结

1. 我很专业：数据化描述＋具体领域定位，还可通过添加emoji表情来分清层次，避免单调乏味。

2. 我很特别：高级文案＋共情话术。高级文案能彰显你的个人品牌，适用于有一定影响力和特殊经历的人，通过差异化来显示自己的特别，轻松获得用户关注。

3. 我很厉害：表达重点就在于"一句话概括一段经历"，把悬念抛给用户，继而吸引用户浏览和关注，适用于头部博主和具有超强经历和超高成就的人，起到标新立异的作用，快速体现博主的IP价值。

第四章

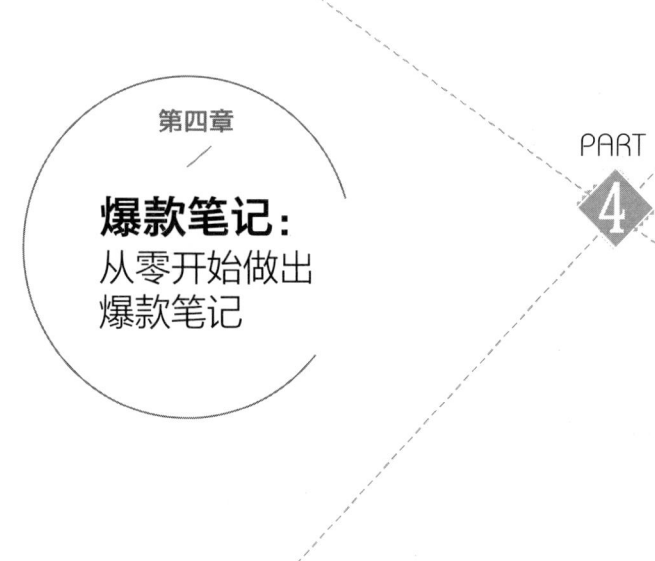

爆款笔记：
从零开始做出
爆款笔记

PART 4

第一节
选题：建立你的爆款选题库

梁源是一个网络与新媒体专业的大学生，刚来团队实习时趾高气扬地和其他同事讲他对于爆款的见解，说："爆款一定要有趣有料，要标新立异。"后来他连续做了一个月的小红书内容，没有一篇爆款，数据冷淡，他又气又疑惑，于是来请教我。

我看了看他发布的小红书笔记，均为自我陶醉的炫耀之词。于是我告诉他："找领域内3个不同的热门选题，再通过关键词搜索3×10条热门的图文笔记，对每个选题的10条笔记进行数据分析，筛选出最热门的3条，最后从自身兴趣出发，挑选1条最容易上手的。跟着这个选题细分领域的作者，他们做什么内容，你就做一样的。"

他问："别人做过的，再做还有意义吗？"我回答说："你先做了再说。你做的内容本身质量并不差，但不是用户需要的，数据好的笔记是用户感兴趣的话题,这是之前的人实践过的,有捷径为什么不走呢?"

一周后他来找我,兴高采烈地说:"我终于做出爆款内容了。"

他按照这个方式持续做了一段时间,陆续做出了多篇爆款,也开始抛开之前理论知识的束缚,潜心研究爆款笔记的共性。

想做出爆款笔记,首先要根据你的定位,通过关键词建立爆款选题库,再模仿,然后超越。

那么,什么是爆款选题?

爆款是靠数据定义的。点赞、收藏、评论加起来数值为5000以上的选题,都可以被称为爆款选题。

怎样找爆款选题?以下几个方法可以借鉴。

第一,利用"10-3-1聚焦法",建立专属于你的爆款选题库。

著名的"二八定律",是指在任何一组东西中,最重要的只占约20%,其余80%尽管是多数,却是次要的。

爆款笔记就是所有笔记中的"20%"。"10-3-1聚焦法"最重要的是在精华中取精华,从爆款中找爆款,然后不断模仿,最后制作出属于你的爆款笔记。

当时我带团队做小红书账号测试时,筛选了个人成长、新媒体运营、职场指南三个领域尝试。我要求团队根据定位建立爆款选题库,找到各个领域下的爆款笔记,记录热门标题、关键词、数据，再模仿爆款标题并优化标题。

在个人成长、新媒体运营、职场指南三个热门领域，我和我的团队各找了10篇笔记，以下是我们的记录。

（1）个人成长

①《拉开你和同龄人差距的21个顶级思维》

（6.6万赞，5.7万收藏，88评论）

②《女生想变优秀，要养成的30个习惯！》

（1.3万赞，1.5万收藏，70评论）

③《你进步的速度，取决于自我复盘的能力》

（6839赞，6876收藏，67评论）

④《提升自我必看的21个终身受用的顶级思维》

（2万赞，2.2万收藏，42评论）

⑤《别刷短视频了！没课时做这6件事》

（4.2万赞，2.5万收藏，485评论）

⑥《自我提升！不自信的女孩必看的24部电影》

（1.7万赞，1.8万收藏，56评论）

⑦《私藏！24个思维速成法，加快个人成长》

（4708赞，5086收藏，26评论）

⑧《女性成长必看的电影》

（6.3万赞，3.6万收藏，284评论）

⑨《是我格局小了！自我成长书单推荐》

（2.6万赞，1.1万收藏，170评论）

⑩《这样做每日复盘》

（1.4万赞，1.3万收藏，98评论）

（2）新媒体运营

①《入门！新媒体运营主要工作有哪些？》

（1.2万点赞，9768收藏，124评论）

②《新媒体运营，10万+的文案标题拆解分析》

（3119赞，3442收藏，85评论）

③《0基础转行新媒体，不会文案？一个公式就够了》

（2万赞，1.9万收藏，231评论）

④《新媒体运营8种标题写法，0基础小白入门必学》

（1980赞，2005收藏，15评论）

⑤《新媒体运营必须关注的四类公众号》

（7221赞，7497收藏，24评论）

⑥《新媒体运营关注这五类公众号就够了！》

（3682赞，3646收藏，15评论）

⑦《月薪过万的新媒体运营常用工具清单》

（1.4万赞，1.5万收藏，70评论）

⑧《自学新媒体，不可错过的18个宝藏公众号》

（2.2万赞，1.9万收藏，48评论）

⑨《新媒体人每天打开的第1个网站》

（8413赞，9407收藏，81评论）

⑩《超强干货！新媒体运营入门到进阶必备工具》

（6285赞，1.0万收藏，121评论）

（3）职场指南

①《职场人必备技能，让你能力翻番》

（1.2万赞，1.1万收藏，79评论）

②《职场和领导沟通话术，沟通是一门艺术》

（2.37万赞，1.5万收藏，109评论）

③《给职场新人的100条实用建议》

（1.6万赞，7636收藏，272评论）

④《职场攻略，如何成为工作能力强的人，给你5条建议》

（7689赞，6856收藏，43评论）

⑤《那些我工作十七年来悟出的职场道理》

（8722赞，7063收藏，341评论）

⑥《职场新人英文自我介绍模板，干货帖》

（2.7万赞，2.2万收藏，71评论）

⑦《不会开会你就别混职场！实操篇》

（2.4万赞，2.0万收藏，83评论）

⑧《从大学到职场，12本经典好书让你脱颖而出》

（1.6万赞，5.4万收藏，603评论）

⑨《职场新人最难回答的10个面试题，回答技巧！》

（1.2万赞，1.1万收藏，53评论）

⑩《职场新人一定不能犯的20个错误》

（8765赞，7731收藏，169评论）

我们模仿爆款发布自己的笔记后，过了一个多月，我们筛选出了数据最好的3篇，如下：

《新媒体运营月薪2万必备工具。必须收藏》

《HR常问的10个面试问题，这样答！求职话术》

《新媒体短视频必备，最后一个做小红书必看》

再筛选上面3篇中最好的1篇，如下：

《新媒体运营月薪2万必备工具。必须收藏》

通过一个月的数据测试，我们发现大家更爱看与新媒体相关的内容，接下来我以新媒体为大方向，结合各平台爆款玩法，挖掘该领域的关键词，再根据数据反馈不断调整，模仿爆款，做出爆款。

接下来不妨用你学到的"10-3-1聚焦法"，建立起属于你自己的爆款选题库吧！

以下是个人成长、新媒体运营、职场指南三个领域的选题库模板。大家可以把爆款笔记收录进去,也可以根据你的领域灵活修改。

小红书爆款选题库——个人成长

序号	标 题	关键词	点赞数	收藏数	评论数	我的标题
例:1	这样做每日复盘,2021年,每天进步一点点	进步复盘	1.1万	1万	75	

小红书爆款选题库——新媒体运营

序号	标 题	关键词	点赞数	收藏数	评论数	我的标题
例:1	硬核!16个新媒体视频剪辑素材网站,vlog必备	新媒体视频剪辑必备	2.7万	3.3万	281	

小红书爆款选题库——职场指南

序号	标　题	关键词	点赞数	收藏数	评论数	我的标题
例：1	职场最忌讳12个学生思维，再难也要改掉	职场学生思维	1.7万	1.1万	129	

第二，利用关键词找爆款选题，先模仿再超越。

我带团队做K12（教育类专用名词，学前教育至高中教育的缩写）领域的爆款笔记时，就告诉团队成员，先思考K12领域内更细的关键词。我们要搜索具体的年级学科，而不是直接搜索"K12"。

K12教育关键词：
小学数学
小学英语
初中数学
初中英语
……

"小学数学"关键词下的爆款文章

图注："让它死磕这7张图"中的"它"，应为"他"。

也就是分别搜索"小学数学""小学英语""初中数学""初中英语",找到对应结果中的爆款内容,以这些关键词为标准,把它们分类整理起来,总结其对应的选题的共性去模仿。

再以童装领域为例,不是搜索关键词"童装",而是搜索"亲子装""儿童OOTD""宝贝LOOK"等,你会发现搜索结果中,"童装店铺推荐"深受宝妈们的喜爱,且以九宫格的首图呈现为主。

童装关键词:
亲子装
儿童OOTD
宝贝LOOK
……

"儿童OOTD"关键词下的爆款内容

还有生活类笔记,以"成都"为例,搜索关键词"成都美食""成都探店""成都民宿""成都旅游攻略""成都吃喝玩乐"等,会发现以"成都民宿"搜索得到的一类爆款是"民宿合集",注意分析还会发现,无论是8家民宿合集还是6家,它们的风格都高度相似。看到爆款的相似点,找到共性非常重要。

成都关键词：
成都美食
成都探店
成都民宿
成都旅游攻略
成都吃喝玩乐
⋯⋯

"成都"关键词下的爆款内容

第三，高赞评论是一把利器，加以利用可形成新的爆款选题。

在这些爆款笔记中，你还须重点关注高赞评论，这些评论是用户浏览笔记后，发现笔记还未完全满足其需求而进行的补充。我们要敏锐地捕捉到这些隐藏在高赞评论背后的需求，形成一个新的选题，再结合原爆款内容进行模仿扩写，在爆款的基础上继续优化笔记，打造更加优质的爆款笔记。

➤ 高赞评论是一把利器

《聪明女人必看的18部扩展时尚眼界的纪录片》

图注：图中的影片名文字，应加上书名号。

上图是时尚领域爆款笔记《聪明女人必看的18部扩展时尚眼界的纪录片》，评论中有用户写道："居然没有《穿普拉达的女王》？"

有人根据评论的建议，在原来的爆款笔记基础上进行扩写，做出了新的爆款笔记《女生必看20部时尚电影》。

第四，从对标博主的内容中找爆款选题。

即关注同领域博主，看他们的爆款内容，收集爆款选题。

自媒体运营行业里有句老话："同行是最好的老师，要学会踩着同行过河。"作为新手，即便一开始懂得很多新媒体运营方法，但依旧很难上手。其中关键的一点就在于没有榜样示范和参考。

因此，关注同领域博主，筛选其爆款笔记，再收纳到自己的选题库中，就显得尤为重要了。

热门博主之所以被大量用户信任和关注，除了个人品牌建设得好之外，还有一个原因是他们写出的笔记能够满足用户的需求。因此，我们可以通过对标他们的笔记选题，再做一些调整与创新，就可以打造属于自己的爆款笔记了！

比如现在我们已经找好一个同领域的热门博主，下一步就是筛选出他分享的所有笔记当中反响最好的几条。热门博主的爆款选题就是最值得我们学习的宝藏资料。同理，那些反响一般的选题也可以成为我们的"错题集"，让我们避免踩坑。

举个具体的例子。比如你想做读书分享，发现 @都靓读书

第四章　爆款笔记：从零开始做出爆款笔记

的粉丝量较高，因此选择她作为对标博主。

然后我们找热门博主的爆款选题，可以发现《同时代名家》这篇笔记的点赞量相对较少。而《可不可以不努力》的点赞量接近1万，那么我们可以直接选择这本书进行分享，或是模仿她的标题《丧的时候，想说的话都在这本书里》。"丧"能够戳中用户痛点，迅速吸引关注。我们也可以延伸为《焦虑的时候，这本书可以帮到你》《成长中总有失落的时刻，用这本书来治愈自己吧》，等等。

接着，我们再寻找同领域的其他优质博主，比如 @**阿猫读书**。然后我们再找爆款选题，可以看到博主置顶的《别再自律，足以颠覆认知的习惯力量，堪比外挂》这篇，点赞量高达1.7万，《贫穷，不只是缺钱这么简单！解读贫穷的本质》点赞量近5000，而相比之下以"厚黑心理学""女朋友的致富之路"

为选题的笔记，点赞量不到100，反差十分明显。

因此，我们就可以把"自律思维""贫穷的本质"作为自己的备选选题，同时避开"厚黑心理学""女朋友的致富之路"等冷门选题，提取出备选选题标题中的爆款关键词如"缺钱""颠覆认知""堪比外挂"等。这样，就完成了选题和标题的设计，提高了笔记输出效率，以及爆款产生的概率。

从更大的角度讲，我们可以发现这些内容都是基于用户的情绪、状态、痛点来进行分享，那么我们就可以尝试更大的选题框架：情绪状态＋解决指南、锦囊秘籍＋书籍书单、热门思维＋爆款关键词，源源不断地围绕这些题型进行输出。

或许你会有疑惑：你举的案例都是以短视频形式发布的，

如果我只想做图文形式的笔记，要怎么进行模仿和改造呢？

简单来讲，短视频就是动态的图文。对短视频进行截屏，你会发现它的形式就是"图片＋文字"。因此，根据热门博主们的视频内容筛选总结出他们的表达重点，浓缩成关键词，再用自己的话进行描述；然后，对视频里出现的优质图片进行截屏，分析图片表达了什么、好在哪里，自己可以找到哪些类似的图片进行修整调换……这样就可以把别人的视频内容轻松改为我们自己的图文内容了。

关于对标博主这个方法，我们依然可以建立"博主爆款选题库"。即在分析大量博主的笔记之后，按照博主名称、所属领域、粉丝数、爆款选题、冷门选题等几大维度对博主的笔记进行表格可视化分析。这样做的意义在于提高我们的对标准确度，从而帮我们更加迅速地确立爆款选题，随拿随用，高效便捷。

博主爆款选题库

序号	博主名称	所属领域	粉丝数	爆款选题	冷门选题	我的标题
例：1	都靓读书	阅读 书籍推荐 文化	96.6万	拥有双重人格是种怎样的体验（7.7万点赞）		

第五，从站外其他平台寻找爆款选题。

市面上有许多自媒体平台，除了小红书之外还有"微信公众号""知乎""B站""微博"等。平台不一，但用户感兴趣的内容是一样的。因此，我们同样可以模仿知乎热门答主或是B站热门UP主的爆款选题，将其加以修改，化为己用，在小红书平台让爆款继续重复。

我们要灵活运用平台的筛选功能。在B站可以选择"播放最高""弹幕最多"，在知乎可以选择"按赞数排序""浏览问题次数"等。

如何更好地运用这些平台的功能呢？举个例子，在知乎搜索一个关键词，如果相关问题有500万关注量，那么就可以把它定义为爆款选题，你自己写的内容大概率也能借势而迅速爆火。如果只有几万关注，同样质量的回答，比起前者，爆火概率会大大降低。

部分选题的发布时间点也很重要。比如你想写与高考志愿相关的选题，高考结束后的浏览和关注肯定会比其他时间段多。另外，也要注意选题是否重复，千篇一律且过时的选题容易使用户审美疲劳。

虽然这样的操作难度较低，但时间花费长，研究深度不够。这里我提供一个进行账号分析的平台——千瓜数据，你可以按照平台已经归纳好的品类进行筛选，再做内容分析。除此之外，你也可以输入相关的博主名称检索，他的所有笔记及相关数据，包括点赞数、评论数、收藏数都可以一览无余。

推荐一个可以让新手快速上手的工具——群量（一款数据分析的工具平台）。首先，选择"结案报告"，再点击"竞品分析"，最后输入特定领域的相关关键词，即可一键查看报告！

井上达彦在《模仿的技术》中写道："学会模仿其实是让我们站在巨人的肩膀上看世界，实现创新和突破。"

总的来说，无论是在小红书，还是在知乎、B站等其他自媒体平台，我们都可以通过对标特定领域的优秀博主，筛选总结其中的爆款笔记，归纳到自己的爆款选题库中来寻找选题方向，再从自身禀赋出发进行修改和调整，这样就一定可以打造属于自己的爆款。

与建博主爆款选题库类似，我们也可以针对站外的其他自媒体平台，建立站外爆款选题库。比如针对知乎，可以先确定领域，再找热门问题，顺着问题找高赞回答，标注好相关数据，再将内容和数据汇总，就可形成以下你想尝试的三个领域的站外爆款选题库。

站外爆款选题库——新媒体运营

序号	问 题	关键词	浏览数	关注数	回答数	高赞回答点赞量	高赞回答收藏数
例：1	新媒体运营的工作前景怎么样？	新媒体运营工作前景	289万	1万	442	8809	2.3万

站外爆款选题库——个人成长

序号	问题	关键词	浏览数	关注数	回答数	高赞回答点赞量	高赞回答收藏数
例：1	有哪些应该坚持的好习惯？	坚持 习惯	1.3亿	22.6万	1.1万	66.7万	18.9万

站外爆款选题库——职场指南

序号	问题	关键词	浏览数	关注数	回答数	高赞回答点赞量	高赞回答收藏数
例：1	你有哪些面试失败的惨痛经验？	面试经验	3528万	14.3万	1878	6.8万	24.6万

本节小结

1.什么是爆款选题？爆款是靠数据定义的。点赞、收藏、评论加起来数值超过5000的选题都可以被称作爆款选题。

2.利用"10-3-1聚焦法"，建立专属于你的爆款选题库。根据"定位三问法"挑选3个热门领域，在细分领域内各找10条爆款图文笔记，一共30条，然后尝试模仿，通过数据反馈，筛选出这30条中最火的3条内容，再尝试模仿。最后，确定最火的1个选题内容，聚焦这个领域选题，垂直创作这方面的内容，不断模仿爆款做出爆款。

3.搜索关键词找爆款选题，先模仿再超越。搜索你所在领域的对应关键词，把爆款内容整理出来，总结其选题的共性，再去模仿，然后超越。

4.高赞评论是一把利器，我们可以根据评论内容结合爆款原内容进行模仿扩写，在爆款的基础上继续优化笔记内容，打造更加优质的爆款笔记。

5.从你对标的博主的笔记中找爆款选题。关注同领域的博主，看其爆款内容，收集爆款选题。

6.从站外其他平台寻找爆款选题。从微信公众号、知乎、B站、微博等站外平台收集爆款选题，加以修改，化为己用，在小红书里让爆款继续重复。

第二节
标题：8种模式+"四步法"+"三段式"模板，打造出爆款标题

欣怡的厨艺很棒，又总有新奇的想法，因此她想做一名美食博主。她每天通过笔记记录美食制作过程，让人非常有食欲，步骤讲解得也很详细。但做了一段时间后，她想放弃了。我问她原因，她说点赞、评论一直很少，得不到正反馈，越来越没动力了。

我仔细观察后发现，她的内容确实写得不错，但标题很普通，只有朴素的菜名和小表情。

我让她多模仿其他美食博主的爆款笔记，收集整理他们的内容标题，再仿写。

她便很用心地找了近50篇与美食相关的爆款笔记，把内容与对应的标题一一罗列，并模仿着写了几篇。结果是，在笔记内容质量与之前并无差异的前提下，她的正反馈数据竟成倍增长。

我和她说，做小红书不能只关注内容，也要学会包装你的内容，而标题就是第一步。

除了在爆款标题中总结共性，也要站在用户角度思考，从用户需求、痛点和心理感受出发来设计标题，吸引用户的注意力，让用户有兴趣点开你的笔记。

那么，如何让你的内容的标题更吸睛呢？我总结了以下8种模式。

1. 用数字凸显价值和美感

我们的大脑会优先识别数字，因此在标题中使用数字能增加辨识度，让用户更加直观地感受内容的价值，激发其点开笔记的欲望。例如：

《每天3分钟，10天消除黑眼圈》

《不节食不运动，挑战7天瘦10斤的快速减肥法》

《3年攒够100万元，相信坚持与复利》

《强推！1年时间让我脱胎换骨的24个好习惯》

《72个自我提升App，零成本自学》

《42个学生党免费自学网站，在假期中脱胎换骨》

《这5个方法让我摆脱拖延症，行动力提升99%+》

《过了20岁，一定要尽早养成这32种认知》

2. 体现实用性，强调价值

小红书用户搜索主动性强，通常会在平台内对一些问题进行主动搜索。指导性强的标题有更好的针对性，从而提高笔记的吸引力。例如：

《答应我，下次拍照一定要这样拍》

《如何找到自己热爱的事情？看完不迷茫！》

《如何停止胡思乱想，告别精神内耗？》

《这样做每日复盘，2021年每天进步一点点》

《职场人必备技能，让你能力翻番》

《自律上瘾！开挂的人生从自律开始。干货，建议收藏》

《保姆级教程，教你把安卓平板升级成学习机》

3. 惊喜优惠，突出卖点

首先告诉用户，这款产品人气旺、销量高、明星青睐等，突出卖点，然后再利用优惠和低价营造反差，这样会让用户感觉既花钱少又解决了问题。例如：

《INS上卖疯了的包包，居然只要1元钱》

《超可爱！9块钱宝藏好物，平价纯分享》

《连呼吸都是桃子味的！5块钱的良心国货》

《今年夏天超火的扎染衬衫，均价只要50元》

4. 制造戏剧冲突

这类标题同样是通过感觉上的差异来引起兴趣，戏剧化的核心就是制造矛盾、冲突、反差，通过强烈的反差唤醒用户的猎奇心理。例如：

《每天无肉不欢，我瘦了20斤》

《理财，每天存15块，竟然能攒100万元！》

《1000块如何花出5000块的品质？这些神器简直相见恨晚！》

《已毕业一个月。没花家里一分钱读完了研究生》

5. 激发好奇心，制造悬念

激发用户的好奇心，但不立即揭晓悬念。例如：

《时间管理真的有用吗？》

《男生礼物：为什么袖扣是最适合的？》

《如何对付男生冷暴力，让他主动联系你并认错？》

《如何在半年内提升自己?》

《一年顶三年,工作之外的时间我都在做什么?》

《什么能力很重要,但大多数人没有?》

6. 对比法则

通过参照物的对比,让用户有进一步了解的欲望。例如:

《生理期用这10件小物,比红糖水管用100倍》

《迎宾纱比主纱更重要!缎面鱼尾真的高级耐看》

《为什么比你忙的人比你有时间?总结一下我的时间管理技巧》

《幸福的婚姻里,"舒适感"远比"爱"重要》

《比失去朋友更可怕的,是刻意维持一段关系》

7. 对号入座

通过特定的标签和属性,圈定人群,让用户挪不开眼。例如:

《双鱼座有哪些难以启齿的小怪癖?》

《想要成为有钱人,要具备哪些思维?》

《你是"讨好型人格"吗?》

《有哪些典型的学生思维,会阻碍你成长提升?》

《一说话就紧张?4招快速告别当众说话恐惧症》

《近视500度眼睛还有神?3个动作打造星星眼》

《不做社交小透明!4个tips收获职场好人缘》

8. 针对具体地域、人群等,让角度多样化

针对人群:《学生党必备好物》《职场人必会技能》《宝妈轻松带娃的3个方法》

针对地域:《成都攻略,三天两晚玩转成都》《北京必去的10个网红打卡点》

针对结果:《让人欲罢不能的学习方法》《让男友眼前一亮的校园风穿搭》

针对品牌:《兰蔻的粉底液哪款最好用?》《海蓝之谜哪些产品最值得购买?》

根据以上8种模式,再多看多分析小红书爆款笔记的标题,思考爆款笔记标题哪几点吸引用户点赞收藏,多问自己为什么,总结出共性,记录下来并模仿。这样,你才能取出爆款笔记标题。

同时也要注意,小红书标题有字数限制,最多为20字,以16~18字为最佳。

除了以上8种模式,你还可以利用四步法取标题:第一,找相关选题的爆款笔记;第二,提取关键词;第三,合并成自己的标题;第四,加上表情符号。

例如在情感领域,针对盘点那些最没用的结婚用品(以下简称"婚品")这个话题:

(1)找这个选题的3篇爆款笔记:

《备婚新娘们这19种最没用婚品!建议别买!》

《备婚攻略 | 别再买这些婚品浪费钱了》

《婚礼最没用的婚品,不实用还多花20000元》

(2)提取关键词:

婚品;没用的婚品;别买;浪费钱。

(3)结合提取的关键词,形成自己的标题:

《婚礼最没用的婚品 | 买了多花2万》

(4)加上表情符号:

《❌婚礼最没用的婚品 | 买了多花2万!》

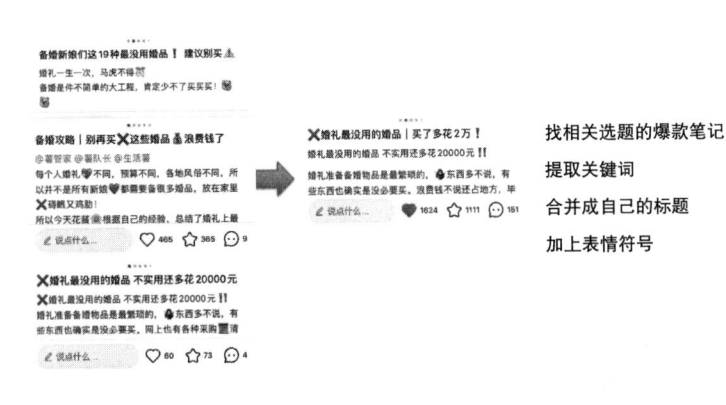

找相关选题的爆款笔记
提取关键词
合并成自己的标题
加上表情符号

在钻戒、情感、礼物类选题中，我已经帮你查好了爆款笔记，不妨根据以上四步找出共性、改写标题，实战取标题试试吧！

（1）钻戒类：

《不同手指戴戒指的含义》（10万赞，4.9万收藏，782评论）

《买钻备婚必看的婚戒、钻戒知识科普》（9818赞，1.2万收藏，2469评论）

《备婚钻戒必坑大全！这几种钻戒千万别买》（1.1万赞，1.3万收藏，1621评论）

《再次分享我的一克拉钻戒》（5323赞，5850收藏，590评论）

《迪士尼在逃公主钻戒，一克拉公主方钻》（7200赞，3781收藏，148评论）

《高冷女神和小弟三周年的第二枚DR钻戒》（720赞，505收藏，189评论）

《不就是买个钻戒吗？被老公叨叨一个月……》（3102赞，2213收藏，507评论）

（2）情感类：

《情侣必看电影来了》（7.3万赞，6.0万收藏，806评论）

《情侣头像》（6.0万赞，7664收藏，1029评论）

《情侣间必做的100件事，做完我们就结婚吧》（4.1万赞，4.2万收藏，1155评论）

《适合情侣玩的小游戏》（4.0万赞，3.4万收藏，410评论）

《惹对象生气这样哄，分分钟和好》（4.1万赞，2.3万收藏，371评论）

《最近超火的情感文字》（4.0万赞，1.5万收藏，762评论）

《如何对付男生冷暴力，让他主动联系并认错》（2.4万赞，9288收藏，978评论）

（3）礼物类：

《别送土到掉渣的礼物了，这些才是小众高格调》（12万赞，9.3万收藏，330评论）

《送男友礼物清单》（6.5万赞，5.4万收藏，857评论）

《送闺密的礼物》（3.1万赞，9966收藏，487评论）

《男生礼物：为什么袖扣是最适合的？》（2.3万赞，1.1万收藏，1356评论）

《七夕情人节礼物》（2.1万赞，1.4万收藏，380评论）

《2021男友礼物合集。全网最全，送礼不愁》（2.6万赞，2.3万收藏，196评论）

《送礼不愁，私藏8家高颜值小众礼物店铺》（3.1万赞，2.6万收藏，63评论）

《小众礼物店铺，别再送那些土到掉渣的礼物了》（1.2万赞，6517收藏，24评论）

你改写的标题：

（1）钻戒类

第一步，找这个选题的3篇爆款笔记：

_____

_____。

第二步，提取关键词：

_____

_____。

第三步，结合提取的关键词，形成自己的标题：

_____

_____。

第四步，加上表情：

_____

_____。

(2)情感类

第一步,找这个选题的3篇爆款笔记:

_____

_____。

第二步,提取关键词:

_____

_____。

第三步,结合提取的关键词,形成自己的标题:

_____

_____。

第四步,加上表情:

_____

_____。

(3)礼物类

第一步,找这个选题的3篇爆款笔记:

_____

_____。

第二步,提取关键词:

_____

_____。

第三步，结合提取的关键词，形成自己的标题：

_____

_____。

第四步，加上表情：

_____

_____。

以上这些都是小红书博主已经发布的真实爆款笔记。大量实践和案例说明，以上 8 种标题模式和取标题四步法，可有效提高笔记打开率。但如果你为了吸引点击，夸张和扭曲现实，强行套用，是会被平台限流打击的，严重违反小红书社区规则者还会被封禁账号。

标题是让用户产生兴趣的敲门砖；留住用户，还需要高质量的内容。

上面描述了内容标题如何取，接下来我们分析封面标题，它该如何上手呢？

有一种取封面标题的方法叫"三段式法"。下面是我整理出的关于 K12 教育领域的爆款标题，我们来一起看一下，所谓的"三段式"具体指什么。

1. 第一种"三段式"

第一段：学校 + 人物 + 动作（举例：清华 + 博士爸爸 + 说

漏嘴）。

第二段：做假设（举例：如果孩子上小学/初中）。

第三段：动作+名词+结果（举例：死磕+这6张图+中考满分）。

第一段： 学校+人物+动作	第二段： 做假设	第三段： 动作+名词+结果
举例：清华+博士爸爸+说漏嘴	举例：如果孩子上小学/初中	举例：死磕+这6张图+中考满分
学校：清华、北大、浙大、复旦、清华附中、北大附中、复旦附中、北京四中、人大附中、实验中学、衡水一中、黄冈中学、清华附小、北大附小、实验二小、人大附小、中关村二小		动作：死磕、牢记、背熟、背会、掌握、吃透、刷完
人物：校长、(博士/博士后/学霸)爸爸、(博士/博士后/学霸)妈妈、(金牌/五星)名师、(满分)学霸、(第一)考神		名词：这×张图、这×道(经典)××题、这×个知识点、这×种模型/句式、这份口诀、这份知识点大全、这份公式定理大全
动作：怒/坦/直言、说漏嘴、熬夜/亲自整理、吐血/含泪/强力推荐		结果：(学科)中考满分、(学科)次次/×年不下×××分、(学科)稳拿/上×××分、(学科)年年考第一/前三、(学科)立涨/至少+××分、再笨也能考××分

通过这个模板，你可以轻松地写出"同款标题"，以小学数学为例：

第一段，先以名校提高权威性，再选择人物身份增加真实性，选择头衔增加说服力，再通过动作增添感染力；

第二段，使用假设的手法，增加场景感；

第三段，具体按一个方式方法做一个动作，取得一个结果。

写出你的封面标题：

第一段：

_____

_____。

第二段：

_____

_____。

第三段：

_____

_____。

通过"三段式"描述形成"有能力的人+场景+你照做可以取得的结果"这样的标题，满足了用户迫切需要解决在该场景下的问题的愿望，从而给用户提供了方便，并吸引用户消费。如以下爆款的封面标题：

《清华妈妈怒言：如果孩子上小学，让他死磕这7张图，6年次次100》

《清华妈妈直言，孩子上小学，让他死磕这11张图，数学次次考第一》

图注:"让它死磕这 7 张图"中的"它",应为"他"。

可以看出,它们的封面图和标题都非常相似。还是印证了一句话,爆款都是重复的,标题也不例外。利用"三段式"模板可以解决取标题难的问题,轻松取出爆款标题。

2. 第二种"三段式"

第一段:学段+学科(举例:小学数学、初中数学、初中英语、小学英语)。

第二段:具体年级+"知识点归纳"(举例:三年级上册知识点归纳、六年级上册知识点归纳)。

第三段:提醒用户要收藏(举例:聪明的爸妈都收藏了,不收藏会后悔,内容已被×××万人收藏,替孩子存下吧/赶快替孩子收藏，建议家长收藏打印、给孩子贴墙上背）。

第一段： 学段 + 学科	第二段： 具体年级 + "知识点归纳"	第三段： 提醒用户要收藏
小学数学 初中数学 初中英语 小学英语	三年级上册知识点归纳 六年级上册知识点归纳	聪明的爸妈都收藏了，不收藏会后悔，内容已被×××万人收藏，替孩子存下吧，赶快替孩子收藏，建议家长收藏打印，给孩子贴墙上背

仍然以小学数学为例：

第一段：先突出内容的关键词，确定核心选题——小学数学；

第二段：具体细分的内容，是什么知识点，适合哪类人；

第三段：引导用户产生动作（阅读、点赞、收藏、评论），对用户进行提示，让其迅速行动，解决问题。

写出你的封面标题：

第一段：

_____

_____。

第二段：

_____

_____。

第三段：

_____

_____。

通过这种方式取标题，可以让用户感觉到这是一个有价值的资源分享，并且是你精心整理过的，使用后可以解决问题。如以下爆款的封面标题：

《小学数学三年级上册知识点归纳，家长必收藏（第一部分）》

《小学数学三年级上册知识点汇总，家长为孩子收藏（第二部分）》

除了教育领域，情感知识类的笔记也可以用"三段式"模板。

第一段：人物关系+副词+动作+数字（举例：情侣+一定要+聊的+10个）

第四章 爆款笔记：从零开始做出爆款笔记

第二段：名词（举例：话题、主题、问题、礼物、清单、攻略、物品、情话、嫁妆）

第三段：附加词（举例：请转给你的对象/另一半/男朋友/女朋友、建议收藏、感情升温秘籍、超甜小游戏、情侣必看、备婚前期、直接打印就能用、照着买准没错、宝藏大全、干货合集）

第一段： 人物关系+副词+动作+数字 举例：情侣+一定要+聊的+10个 人物关系：情侣、恋人、夫妻、对象、另一半、女朋友、男朋友、异地恋 副　词：一定要、不得不、必须、百分百 动　作：说、聊、做、玩、看、坦诚、交换、准备、撩到脸红 数　字：10个、18项、20道、50条	第二段： 名词 举例：话题 话题、主题、问题、礼物、清单、攻略、物品、情话、嫁妆	第三段： 附加词 举例：请转给你的对象 请转给你的对象/另一半/男朋友/女朋友、建议收藏、感情升温秘籍、超甜小游戏、情侣必看、备婚前期、直接打印就能用、照着买准没错、宝藏大全、干货合集

总的来说，夺人眼球的标题千变万化，形式多样，但只要你利用"8种模式"和"三段式"模板取标题，相信你一定可以打造出吸引用户的爆款标题！

本节小结

1.爆款标题的8种模式：用数字符号凸显价值和美感；体现实用性，强调价值；惊喜优惠，突出卖点；制造戏剧冲突；激发好奇心，制造悬念；对比法则；对号入座；针对具体地域、人群等，让角度多样化。

2."四步法"打造爆款标题：找相关选题的爆款笔记，提取关键词，合并成自己的标题，加上表情。

3.用"三段式"模板取封面标题，我总结了教育、情感领域取标题的"三段式"模板，可以解决取标题难的问题，轻松取出爆款标题。

第三节
图片：利用手机软件轻松搞定封面和内页图

有一次出去旅游，朋友想在小红书上找当地的网红餐厅。她搜了一会儿，不经意地提了一句："现在小红书笔记的封面都太夸张了，那么大的花字，真不美观。"

"可这些笔记还是被你刷到了。"

"因为显眼啊，我看到上面写了'网红打卡地'就点开了。"她回答道。

"这不就是作者想要的吗？"

朋友停顿了一下，随即若有所思地点了点头。

在创作内容时，我们总是考虑图文的颜值。美观确实可以带给用户更好的印象，但当很多人都在做同样的内容时，你要做的就是让你的封面更加吸引眼球。不管是奇特还是夸张，别人愿意点开你的笔记，就是好的封面。

想要做好小红书笔记封面，你就记住一个公式：爆款封面

=拼图+花字。

爆款封面=拼图+花字

封面上标题的内容在上一节已经讲过，这一节主要总结封面图如何做。

封面图只包含两个部分，图片和文字。须重视图上字体和颜色的搭配。

图片呈现的是精华内容。如做与K12教育相关的笔记就可以把最重要的公式、例题拼接在一起，做美食笔记就可以挑选最吸引人的照片作为封面。文字部分呈现的是关键词，即直观告诉用户笔记的主体内容，所以要求醒目、清晰、明了。下面以美图秀秀为例分解一下封面的制作流程。

第一步，使用"美图秀秀"的"拼图"功能。

将 9 张内页用美图秀秀的"拼图—模板"功能拼接起来，制造出"有价值、内容丰富"的视觉效果，让目标用户有点开笔记的欲望。拼接图除了 9 张，还有 6 张、4 张等形式。

第二步，使用 "图片美化"里的"文字"功能，给图片加上文字标题。

选用鲜艳醒目的颜色，重点内容可以用红色突出。字体尽量大，保证清晰、易识别，不要使用花哨的字体，封面文字的作用是传达内容信息，需要强调的重要文字可以将字体放大。

也可以使用"图片美化"里自带的字体素材进行叠加，以起到突出的作用，同时要遵循同样的原则，字体要容易识别，整体布局要整齐美观。

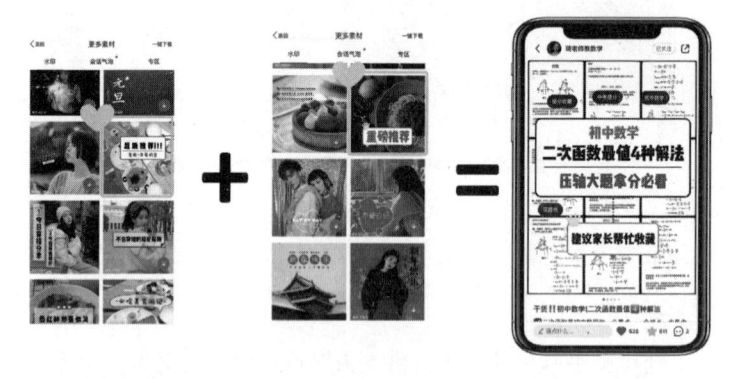

举个例子：用美图秀秀做情感相关的封面图。

在百度、微博、小红书等平台找相关的公版图片或直接用自己的产品图。

用美图秀秀等修图软件，在图片上加标题。文字可选择明艳、抢眼的样式、颜色。

最后打上相关内容的标签。

爆款封面 = 拼图 + 花字

在百度、微博、小红书等平台找取相关的公版图片，或直接用自己的产品图片

用美图秀秀等修图软件，在图片上加标题文字

字体可以选择明艳、抢眼的样式、颜色

最后打上相关内容的标签

对图片进行修改

可加边框或贴纸

除了美图秀秀，还有很多不错的做图软件，制作封面通常不会用到过于复杂的功能，所以根据个人习惯挑选适合自己的软件就好，下列 App 可作为参考。

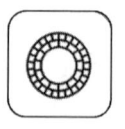

美图秀秀　黄油相机　VSCO　Piscart　Logo

　　封面是吸引用户点击笔记的关键，本身制作难度并不大，不需要花太多时间精力优化封面的美观程度，但在拼图和花字上要下功夫，要模仿爆款的样式，吸引你的目标用户打开笔记。

　　除了封面图，内页图也非常重要，这里给大家介绍如何利用软件制作精美的内页图。

　　以"稿定设计"网站为例。这个网站提供了两种做图方式，一种为利用模板直接做图，另一种为利用网站设计出图。

1. 利用模板直接做图

　　第一步：百度搜索"稿定设计"或输入网址（https://www.gaoding.com/），打开"稿定设计"网站。在界面左侧点击"为

你推荐",选择"新媒体—小红书配图"。

第二步：点开小红书配图之后，你会看到很多类别的已经做好的小红书配图模板，根据风格（文艺、简约等）、版式（竖版、横版等）、热度（综合排序、最多下载、最新上传等）筛选出你想要的模板。

第三步：进入所选的模板，界面左侧有模板、素材、文字、图片、背景、组件等功能，可以对图片进行编辑加工，右侧可

以裁剪、抠图、调色、翻转，最后再改写标题的内容就可以了。

2. 利用网站设计出图

这个方式比起利用模板前进了一阶，学会这个步骤之后，就可以利用网站做出你想要的图片。

第一步：打开"稿定设计"网站，点击"创建设计"，在"自定义尺寸"中输入相应尺寸，为迎合小红书笔记3∶4的图片比例，我们一般使用的尺寸为3000×4000 px（像素）。然后点击"创建设计"。

第二步：创建好画布之后，选择一个背景图或颜色，给画布定好背景，然后在左侧"素材—几何图形"中选择合适的图形，如矩形、圆角矩形、圆形等，然后调整图形的大小和

颜色，直到合适。

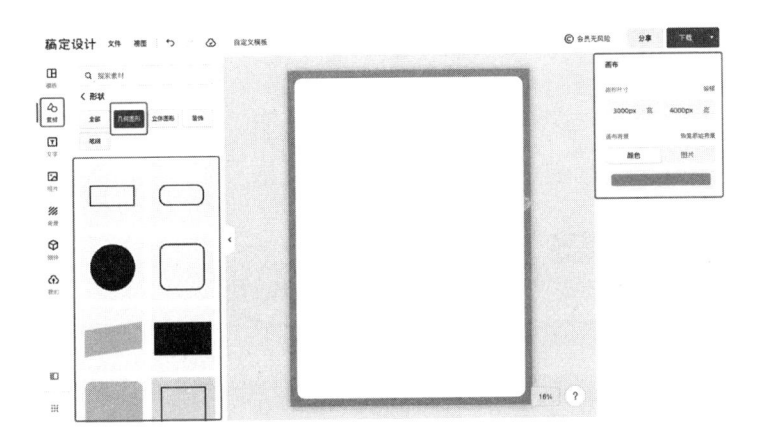

第三步：编辑标题，依然用"形状"功能。选择一个形状，再做颜色填充。为符合整体调性，注意颜色选择要与背景色匹配，然后添加文字，选择合适的字体、颜色就可以了。

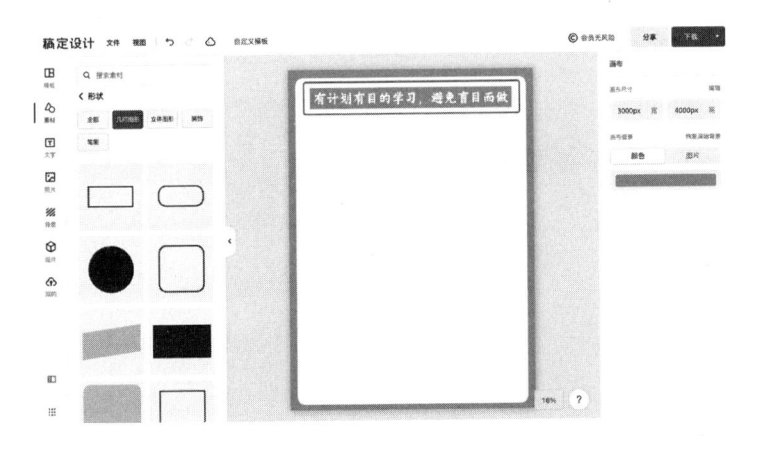

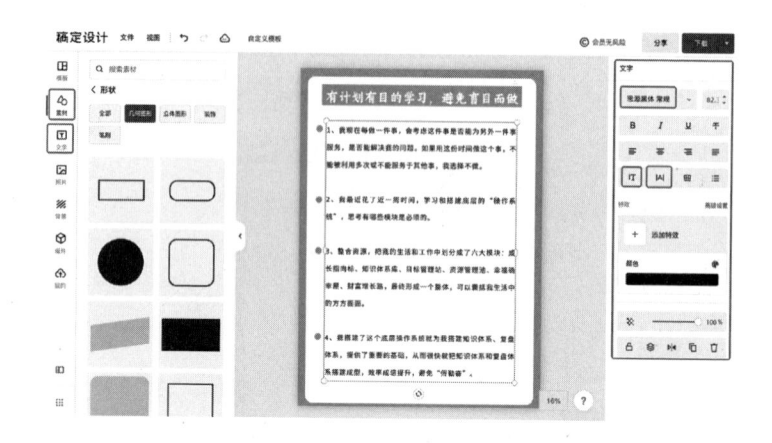

第四步：添加正文内容，最好分条列出。右侧可以选择字体，注意文字要清晰工整，然后调整字间距和行间距，直到合适为止，示例的字间距为7、行间距为2.5，可以作为参考。

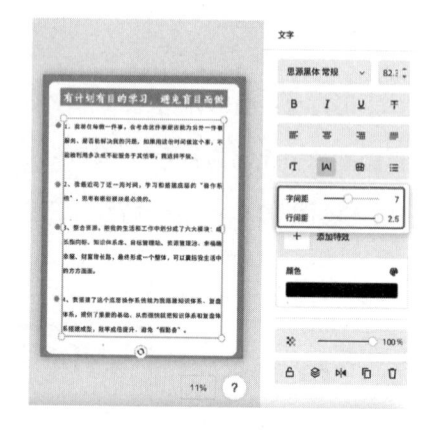

此外，还可以添加编号左侧的小图标，在"形状"功能中编辑它的形状、大小和颜色。这样能够丰富图片元素，使整体更加美观。

第五步：点击右侧"下载"，选择具体的参数（图片格式、压缩状态等），即可出图。

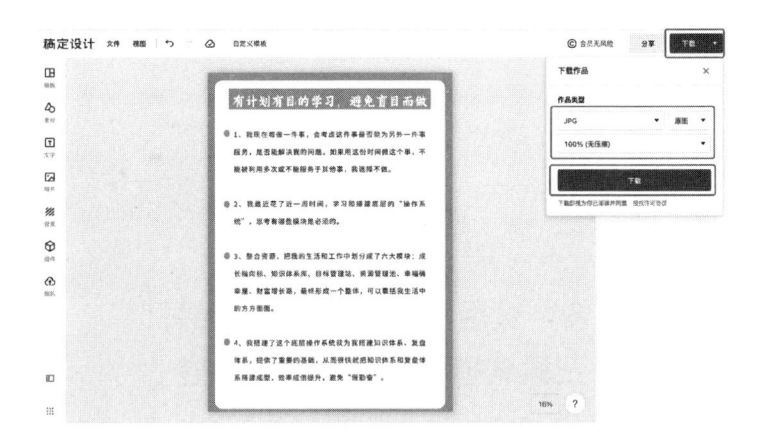

这就是两种做小红书内页图的方法。此外，还有一个提高做图效率的窍门：按照爆款笔记的图片样式，制作出三到五版的图片模板，每次做图时，只在模板中添加具体的标题和文字就可以了，不用重新再找图做图，能够节省时间，高效地作出精美整洁的图片。

本节小结

1. 爆款封面 = 拼图 + 花字。

2. 如何制作封面图片？第一步，使用"美图秀秀"的"拼图"功能。第二步，使用"图片美化"里的"文字"功能，给图片加上文字标题。

3. 如何用"稿定设计"作内页图？第一种方法，利用模板直接作图。第二种方法，利用网站设计出图。

第四节
内容：套用"开头+中间+结尾"三段式模板，做出爆款内容

浩卓是一名学生，他在听过我的一些分享后就跃跃欲试，想做出爆款。他尝试做了很多他心目中的爆款笔记，但每一条的点赞都寥寥无几。

他失落地来问我："选题、标题、封面我都是按照爆款的模板来做的，已经做了这么多，为什么还是做不出爆款？"

我看了他的笔记，确实有让人点击的欲望，但点进去发现，内容华而不实，不知道在讲什么。

"你这和'标题党'没啥区别啊！"我直接地说道。

"标题的目的不就是让用户点进来吗？阅读量起来了不就是爆款了吗？"他仍很疑惑。

"用标题吸引用户点击是没错，但点进来发现一点干货或者有意思的内容都没有，他凭什么要给你点赞、评论？互动量

起不来,平台凭什么给你继续推荐?"

他恍然大悟。

"标题、封面只是吸引用户点开你的笔记,想要留住用户,让他点赞、评论、收藏,还要靠有价值的内容。"我补充道。

那么如何写出爆款内容呢?

我们可以将爆款内容分为开头、中间、结尾三个部分,每一部分都有具体的模板。下面以教育领域里的初中数学为例讲解。

1. 开头

重复关键词,建立自己与内容的联系,多用强调词。

下面是一个开头文案的模板,大家可以参考(画线区域可以进行替换)。

很多同学在后台留言,跟××(账号人设)说,初中数学(你的知识点所在年级)里的几何(本篇知识点)实在太难。不是几何(本篇知识点)太难,而是你没有找对方法!初中数学几何需要的知识点都汇总在这里啦!金牌名师,熬夜整理,吐血推荐!可快速提分!

2. 中间

百度搜索你的笔记中的关键词,选取其中的内容(大概控制在 200 ~ 500 字);一句过渡句 + 表情 + 段前用"·"隔开。

例如:

你的内容与"初中数学几何"相关,那么可以百度搜索"初中数学几何复习方法",然后在内容前面加上一句过渡句,在内容里加上表情,在段前加上中圆点"·"。

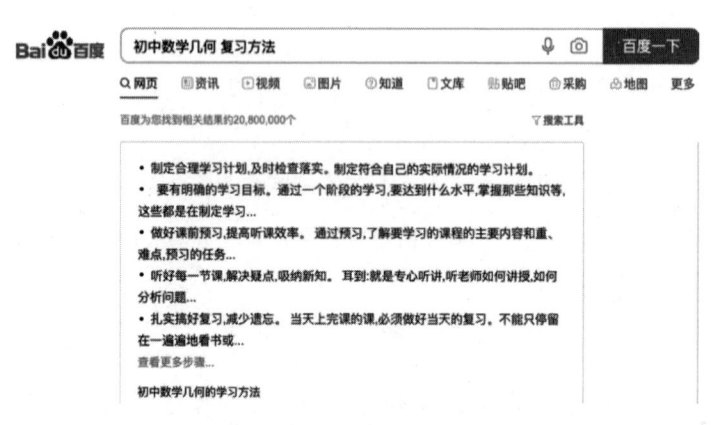

图注:图中的"制定"应为"制订"。

此外,关于初中数学几何,老师也分享了一些学习方法:

制订合理的学习计划,及时检查落实。

·制订符合自己实际情况的学习计划。

做好课前预习,提高听课效率。

·通过预习,了解要学习的课程的主要内容和重、难点,完成预习任务。

听好每一节课,解决疑点,吸纳新知。

·做到耳到,即专心听讲,听老师如何讲授、如何分析问题。

扎实做好复习,减少遗忘。

·当天上完的课,必须当天复习。不能只停留在一遍遍地看书。

3. 结尾

号召点赞、收藏和互动, 加关键词并@官方号,加上讨论度高的话题。

建议家长收藏打印,转发给身边需要的朋友。
汇总系列未完待续,敬请期待后续笔记。
数学老师|5年一线教学经验|数学竞赛全国一等奖。
等着大家!如果孩子在学习方面还有任何疑问,欢迎来与我们交流,我们将竭诚为您解答,帮助孩子圆梦升学。
《跟着××学数学,考试再难也有诀窍》

#初中数学几何 #考前必看 #提分必备 #必藏秘籍

@校园薯　　@生活研究所　　@辣妈成长日记

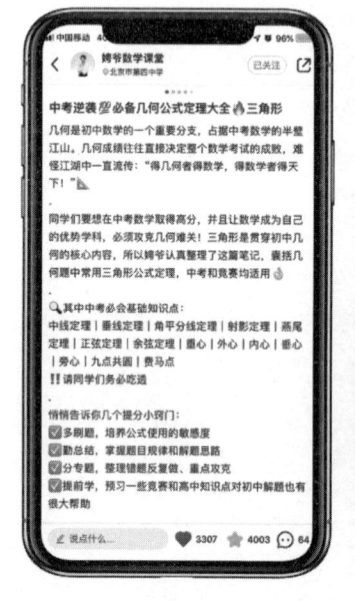

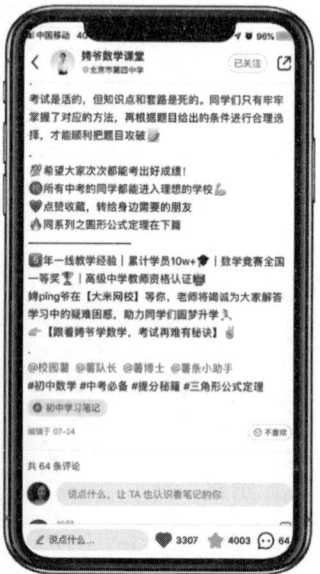

不仅是教育行业,其他行业也同样可以套用"开头+中间+结尾"三段模板,下面以钻戒类的爆款笔记内容为例做具体讲解。

1. 开头

下面是一个开头文案的模板,大家可以参考(画线区域可以进行替换)。

很多同学在后台留言，跟××（账号人设）说，钻戒挑选实在太难！不是挑选钻戒（你想表达的）太难，而是你不懂钻戒！钻戒相关科普知识，你需要的都汇总在这里啦！熬夜整理，吐血推荐！

2. 中间

搜索"钻戒相关知识"，然后看一下其他博主是怎么写的，除去开头、结尾，取中间的核心内容，改用自己的语言重新表述，大概控制在 200～500 字。最后再加过渡句、表情和"·"。

更改开头和结尾
改成自己的语言
留取内容核心的部分

3. 结尾

在结尾号召点赞、收藏和互动,加上符合主题的相关内容,再加关键词并@官方号,最后再加上讨论度高的话题。

在内容排版上,要注意以下三点。

(1)控制字数

在排版的时候要注意笔记整体的篇幅,一篇笔记的字数最好控制在500~800字,内容要充实、饱满,但不能冗长。如果你发现自己的笔记篇幅过长,排版的时候就要进行适当的提炼和删减。适量字数对于用户在阅读中产生满意感来说非常重要。如果字数太少,用户会觉得信息量少价值低,太多的话,用户会觉得需要花费的时间太长而放弃阅读。

(2)学会分段

除了控制篇幅,给笔记分段也可以让它看起来更加精练。应根据内容适当地分段,因为没有用户喜欢一大段冗长的文字。每段前面可以用符号"·",在视觉上会让用户觉得更加有条理。

(3)善用表情

小红书以女性用户为主,所以在排版时要善用可爱的表情符号，这样做一方面能提升笔记的美观程度，另一方面可以增加用户的阅读兴趣。微小的表情符号能影响用户的心理状态，对于增强用户点赞、收藏、评论的主动性都是有利的，很多时候点赞、评论的欲望就在一念之间，可爱的表情更能引起女性用户的兴趣和共鸣。

本节小结

1. 开头：重复关键词，建立自己与内容的联系，多用强调词。

2. 中间：百度搜索你的笔记中的关键词，选取其中的内容（大概控制在200～500字），一句过渡句＋表情＋段前用"·"隔开。

3. 结尾：号召点赞、收藏和互动，加关键词并@官方号，加上讨论度高的话题。

4. 内容排版注意细节：控制字数，学会分段，善用表情。

第五章

运营赋能：
掌握流量密码，
运营提升关键指标

PART 5

第一节
推荐机制：小红书流量推荐背后的秘密

想要运营好小红书，做出爆款笔记，你首先要了解小红书内在的推荐机制和流量分发模式，掌握小红书的流量密码，为你的爆款笔记制作之路奠定坚实的基础。

小红书的推荐模式是"中心化分发"。当你发布笔记后，平台会根据你设置的标签提取笔记中的高频词，给可能感兴趣的用户进行第一波流量推荐。根据这些用户的行为数据（点赞、收藏、评论或分享），平台算法会判断你的笔记是否受到推荐用户的喜欢。如果数据满足第一波推荐阈值，笔记会进入更大的流量池并扩大推荐，给予更多曝光的机会……以此类推，直到用户对你的笔记产生的行为数据趋于平稳为止。所以你的笔记越优质，用户越喜欢，用户们产生的正向行为越多，成为爆款的概率就越大。

在小红书的流量推荐逻辑中，以用户喜欢的优质内容为王，强者恒强，爆者恒爆，优质内容便是爆款的基因。

值得注意的是，在你刚入驻小红书、没有粉丝积累的情况下，你可以通过发布优质笔记赢得平台推荐的方式来引流，只要你持续按以上提供的爆款制作方法，找到一条你擅长的赛道，专注输出，先模仿后超越，你的粉丝就会越积累越多，IP 也会越来越有影响力。

在小红书内，优质且对用户有帮助和参考意义的内容，一直非常吃香，具有长尾流量的特质，也就是说，你的优质笔记会随着时间的推移不断被平台推荐和曝光。

小红书的笔记一旦被平台收录了，就可以被推荐和搜索。每天都有数以百万计的用户通过搜索小红书的笔记来满足他们的需求，找到他们想要看到并对他们有帮助的笔记。这些用户都是带有强目的性的，且都是目光非常精准的用户。

所以，现在开始做小红书仍然不晚，机会都是留给有准备的人，留给那些能不断生产优质内容、不断对用户有帮助的人。

小红书的流量是如何来的呢？用户是如何通过小红书看到你的笔记的呢？

在小红书首页总共有 4 个流量入口——关注、发现、位置和搜索，它们各自对应的推荐机制都不同。

1. 关注入口——根据用户关注形成的信息流

关注入口给用户推送的是其主动关注的博主的笔记内容，当你（博主）的粉丝量级达到一定程度后，它将是你重要的流量入口，在用户的屏幕上，这些内容以屏幕上下滑动时不断流入的信息流形式呈现。

2. 发现入口——根据用户日常浏览内容，大数据自动形成的信息流

平台会根据用户日常点赞、收藏内容的共同点，以及用户关注的标签，给用户主动推荐相近的优质内容。系统是否推荐你的笔记，是看用户的喜好与你笔记的关键词是否吻合。你笔记的关键词越多，系统将其推荐给相应用户的可能性也就越大。"发现"部分推荐的内容，以"双瀑布流"形式呈现。

3. 位置入口——根据用户所在位置形成的信息流

位置入口也就是同城推荐。这部分的流量相对于前两个入口较少，但也值得充分利用。这个入口对应的是地点关键词，在位置标签和内容中添加地点信息，更容易被推荐给同城用户。位置入口对于吸引同城粉丝和做同城业务的博主来说至关重要。

4. 搜索入口——根据用户特定搜索形成的信息流

小红书用户寻找笔记内容，通常以直接搜索的方式为主，所以搜索入口尤为重要。这也正是要添加关键词的原因，你没有添加足够的关键词就很难被搜到。当用户搜索一类内容时，你的笔记的匹配程度越高，就越容易被推荐，而关键词就是判定匹配程度的要素。

根据用户特定搜索	根据用户所在位置	根据用户日常浏览内容
形成的信息流	形成的信息流	大数据自动形成的信息流

图注："让它死磕这7张图"中的"它"，应为"他"。

通过以上4个流量入口，平台会将你的笔记推荐给用户。那么，具体是如何推荐的，背后又有着怎样的推荐逻辑呢？

小红书有三大流量推荐逻辑：个性化推荐逻辑、社交裂变推荐逻辑和搜索关键词推荐逻辑。

1. 个性化推荐逻辑

个性化推荐逻辑是指，在发布笔记并通过审核后，你会先获得一个初始流量。初始流量即为最开始的流量池，预计曝光量（向用户推送量）在100～300之间。算法会根据受众的行为评判笔记质量，评判分值高于当前流量池的推荐阈值，笔记就会进入到新的流量池，预计曝光量在1000～3000之间。在新的流量池内，算法会继续根据用户行为做评判，同样，评判分值高于推荐阈值，笔记就会再进入新的更大的流量池，推送给更多的人。以此类推，直到这篇笔记在对应的流量池的评判分值低于该流量池的推荐阈值，平台才会停止推荐。

这个逻辑下，你的笔记越受用户喜欢，就越有机会进入更大的流量池，得到更多的推荐和曝光，从而实现涨粉。

2. 社交裂变推荐逻辑

（1）点赞推荐

在小红书中，如果你的笔记内容被其他博主点赞，平台也会推荐给他的粉丝，来增加你笔记的曝光量。如果给你点赞的博主是同领域粉丝较多的博主，你的笔记也会获得更多的曝光。

利用这个逻辑，运营前期你可以结交同领域博主，尤其是一些粉丝较多的博主，在发布笔记后你们可以互相点赞，帮助彼此增加曝光量。

（2）过万收藏、分享推荐

你的小红书笔记收藏量过万之后，笔记会有特殊标识，且算法会帮你推荐到用户的"首页—发现"界面进行曝光。

还有一个数据——分享量，这个数据是不对外显示的，只在系统内显示，这个数据过万之后，笔记也会被推荐至"首页—发现"界面。

所以，你要多模仿爆款笔记、多挖掘用户需求，多做一些合集、整理、知识量大的笔记，这样的笔记更易被用户收藏、分享。

（3）百万浏览推荐

小红书会根据用户的行为习惯，如上次浏览的内容、刷新的内容、停留时间、点赞收藏的内容等，通过算法的记录和判定，推荐一些百万浏览指标（一般点赞、收藏量在10万以上）的笔记给可能感兴趣的用户，进行再次曝光。所以，受用户喜爱的优质内容会有更大概率被系统算法推荐。

利用这个逻辑，你可以花精力拆解那些百万浏览量的笔记，了解你的受众喜欢什么内容，多关注这个领域内频繁搜索的关键词，并在具体内容中合理地加上这些关键词。

3. 搜索关键词推荐逻辑

搜索关键词推荐逻辑，包含了 4 类关键词布局：行业领域关键词、细分领域关键词、产品营销关键词和营销需求关键词。做好关键词优化，更容易让你的优质内容被推荐。

（1）行业领域关键词

一般这类关键词属于行业领域词，如教育、美妆、健身等。这类关键词属于一个大领域，竞争非常激烈，刚起步的博主不建议在这类关键词下布局，最好细挖大领域下的细分领域，找细分领域的关键词。

前面讲过，"娉爷数学课堂"是我帮助操盘的教育账号，有一次博主想通过设置标签增加曝光率，让系统算法推荐给更多用户，于是她询问我有没有比"知识教育"和"数学教育"更合适的关键词。

我回答说："这两个领域范围太广了，竞争特别激烈，对新人博主不友好，你从教育领域往下拆分，有 K12 教育、中小学教育，最后不就是'初中数学'和'小学数学'吗？"

她恍然大悟，采纳了我的建议，改动关键词标签后，吸引的用户更加精准了，发布的笔记反响也非常不错。之后在搜索相关关键词时，她还看到了自己的笔记排在首页前列。

（2）细分领域关键词

通过细挖行业领域关键词，就可以得到细分领域关键词。搜索具体关键词，搜索页面会出现细分关键词，在这里面，你可以选择感兴趣并且擅长的细分领域，分析竞争是否激烈，选择合适的时机入局，并模仿打造出属于这一细分领域的爆款笔记。

Q 护肤	搜索	Q 时尚	搜索
护肤	549万+篇笔记	时尚	856万+篇笔记
护肤	29万+件商品	时尚	197万+件商品
护肤男		时尚杂志	
护肤的正确步骤		时尚穿搭	
护肤步骤		时尚穿搭男	
护肤小知识		时尚博主	
护肤品推荐男		时尚行业	
护肤品推荐		时尚视频	
护肤品推荐学生		时尚摄影	
护肤博主		时尚穿搭女气质	
护肤品		时尚插画	
护肤视频		时尚穿搭博主	
护肤手法		时尚短片	
护肤知识		时尚资讯	
护肤教程		时尚男	
护肤流程		时尚走秀	
护肤美白		时尚街拍	
护肤品推荐套装		时尚编辑	

(3) 产品营销关键词

这类关键词一般是指行业领域内的竞品关键词。我们可以先分析竞品再思考布局哪些关键词、哪些细分领域。要实时掌握行业内竞品动向，对行业内数据高的细分竞品关键词进行分析，紧跟产品热词来布局产品营销。

(4) 营销需求关键词

这类关键词是指产品或事情背后的做法和描述词，符合用户搜索的习惯。常见有"必备""合集""干货""分享""整理""如何""怎么办""会怎样"等。

这类词会在你搜索行业细分领域关键词后显示出来。加入这些营销需求关键词，你的笔记被搜索和曝光的概率会更大一些。

了解了以上4类关键词之后，该如何优化关键词，让你的优质内容更容易被推荐呢？

之前有朋友问我："小红书笔记打上什么标签获得的流量更多？"

我反问道："你知道为什么要打标签吗？"

"不知道啊！网上教小红书运营的都说要打，我就拼命打。"

我笑了笑："打标签是为了让你的内容更容易被搜索到，提升作品的曝光机会。你要打的是热度较高且与你笔记内容相近的标签，而胡乱地加一堆标签，几乎是没用的。"

其实打标签的意义在于给你的笔记增加关键词。不仅打标签，在文章的标题、正文里都要设置合适的关键词，以提高被搜索到的概率。

也就是说，当用户在搜索一类内容时，你的笔记与之匹配的关键词越多，就越容易被发现。在有相同关键词的笔记中，内容更优质、互动量更高、账号权重更大的笔记，在该关键词下的排列会更靠前，用户搜索时也更容易被推荐。

比如，当搜索"小学数学"时，你可以看到平台收录了2万多篇笔记；搜索"初中数学"时，有1万多篇笔记。这些笔记都是通过关键词被算法识别抓取，收录到小红书系统大数据中的。

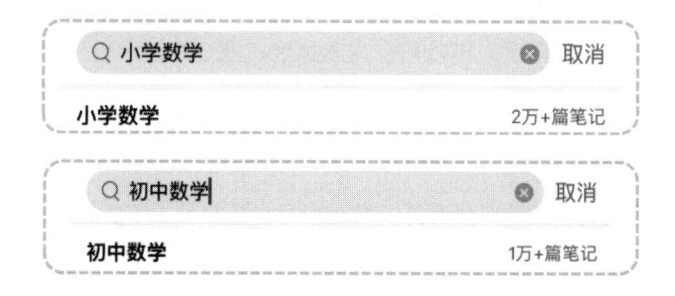

Q 小学数学	⊗ 取消
小学数学	2万+篇笔记

Q 初中数学	⊗ 取消
初中数学	1万+篇笔记

再如，搜索"结婚""钻石""钻戒"，点击"最热"，可以看到有这些关键词的笔记会被曝光在"双瀑布流"页面中，排在前面的笔记是点赞、收藏、评论等数据综合表现最好的。

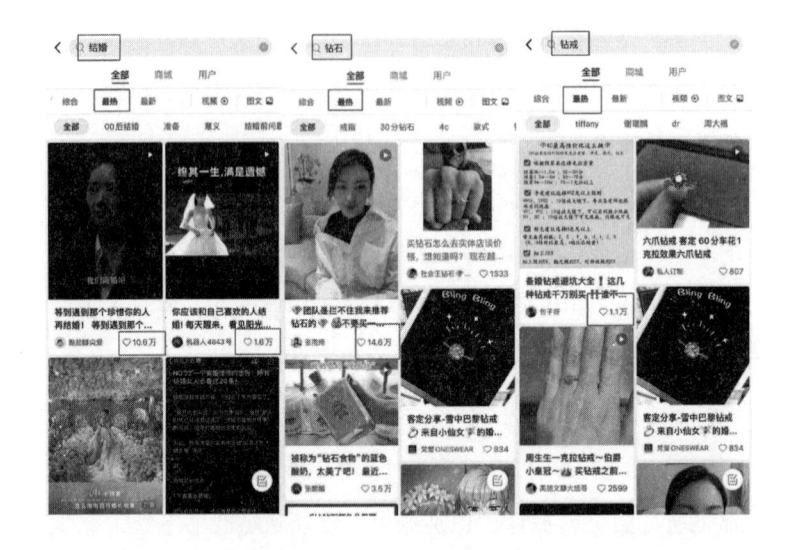

关键词是小红书的搜索推荐逻辑中非常重要的要素，要想提高爆款产出率，可以依据搜索维度、笔记维度、用户维度、时间与频次维度这四个维度，对小红书关键词做排名分析。

我们已经知道，选题要看爆款，其实关键词也要看爆款。爆款关键词就是指热度高、曝光率高、用户搜索多的关键词。

那么，如何选择适合且排名靠前的关键词来提升自己笔记的曝光度呢？

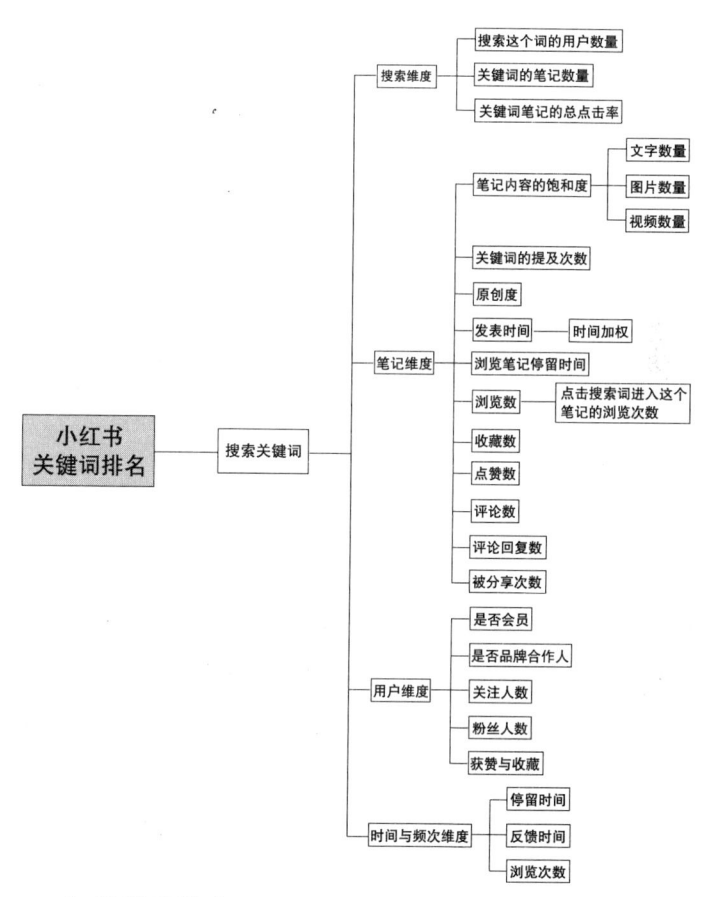

```
                              ┌── 搜索这个词的用户数量
                   ┌─ 搜索维度 ├── 关键词的笔记数量
                   │          └── 关键词笔记的总点击率
                   │                            ┌── 文字数量
                   │          ┌─ 笔记内容的饱和度├── 图片数量
                   │          │                 └── 视频数量
                   │          ├─ 关键词的提及次数
                   │          ├─ 原创度
                   │          ├─ 发表时间 ── 时间加权
                   │          ├─ 浏览笔记停留时间
小红书      搜索    ├─ 笔记维度 ├─ 浏览数 ── 点击搜索词进入这个
关键词排名 ─关键词 ─┤          │            笔记的浏览次数
                   │          ├─ 收藏数
                   │          ├─ 点赞数
                   │          ├─ 评论数
                   │          ├─ 评论回复数
                   │          └─ 被分享次数
                   │          ┌─ 是否会员
                   │          ├─ 是否品牌合作人
                   ├─ 用户维度 ├─ 关注人数
                   │          ├─ 粉丝人数
                   │          └─ 获赞与收藏
                   │              ┌── 停留时间
                   └─时间与频次维度├── 反馈时间
                                  └── 浏览次数
```

1. 按搜索热度

选择热度较高、被搜索次数较多的关键词，通常这些关键词对应的内容更受用户喜爱。但同时你也可以添加与你内容相关的其他关键词，利用高热度关键词推广低热度关键词，让你笔记中的某个关键词成为热点，这也有利于你的笔记成为爆款。

2. 按内容贴合度

在选择高热度的关键词时，一定要选择与自己笔记内容贴合程度更高的关键词。如果你添加了过多与你笔记内容无关的关键词，当用户搜索到你的笔记后，发现你的笔记和搜索内容并不相关且质量一般，你笔记的点赞率、互动率就会受影响，这样的关键词虽然增加了你笔记的曝光率，却不利于笔记的整体数据提升。

3. 按关键词布局

多整理场景关键词、需求关键词、结果关键词，这样系统推荐的用户更多样化，分给你的流量也会更多。如写"10家必吃的韩式烤肉"，可以加上"高性价比""韩国年轻人爱去""韩国本地人""热门推荐""最好吃"之类的标签。写文章前可以先去搜索一下相关的热门笔记中都出现过的关键词，然后添加到你的正文中。

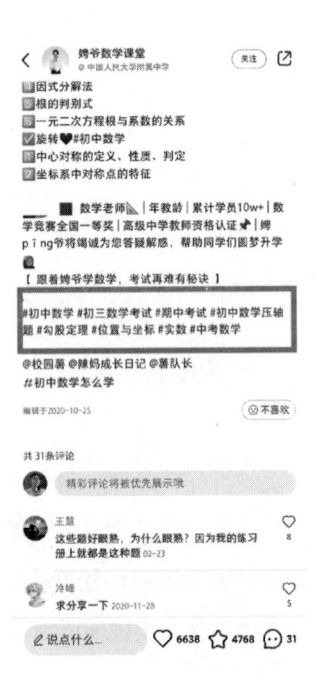

比如 @ 娉爷数学课堂 的这篇笔记，将"初中数学""期中考试""中考数学"等热门关键词添加到正文当中，来增加系统的推荐，大大增加了笔记曝光的概率，因此成了爆款。

找到适合你且排名靠前的关键词之后，在哪个位置添加关键词较为合适？

我们以小红书知识博主 @ 丸子的干货时间 为例，给大家拆解。

1. 内容标题一定要突出重点，以关键词的形式呈现

内容标题一定要体现笔记的重点，并以关键词的形式出现，因为内容标题是判断是否符合搜索条件的关键因素，这样做能让你的笔记更容易被搜索到。另外，当用户搜索到你的笔记后，清晰的标题也能提高你笔记的点击率。

右图这篇笔记的关键词就很清晰，有"学习""高效""自律""英语"等，既强调了笔记的核心内容，又利用平台算法为笔记吸引了流量。

2. 文章主体内容一定要多重复关键词

很多人会在标题中添加关键词，在标题后添加话题、点名相关用户，但文章内容与关键词却毫不相关。要知道，关键词重复次数也是一个重要指标，笔记内容中如果较少提及关键词，就说明内容与关键词相关性不大，那么在关键词搜索结果中，你的笔记排名也会靠后，这一点特别不利于内容曝光。

另外，文章内容与关键词相关性过小，即便用户点开了你的笔记，阅读感受和价值获取也会低于用户的心理预期，这也不利于你笔记互动量的积累。

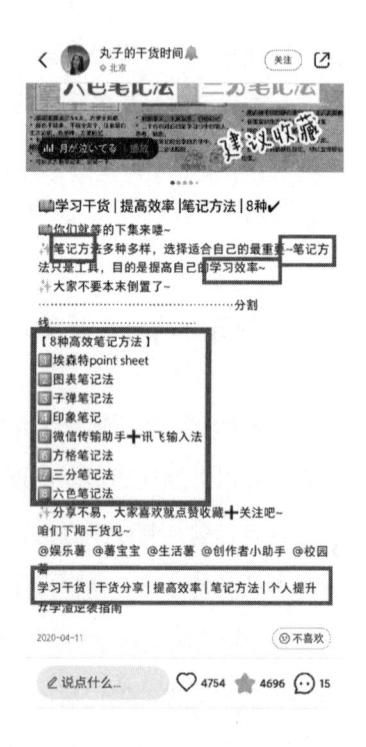

右图这篇笔记主要以分享记笔记的方法为主，所以在文章主体内容中多次出现"笔记法"关键词，这样非常有利于曝光。

3. 图片中添加关键词

在编辑图片的过程中，你会看到"标签"这一栏。在图片中以标签的形式标注关键词，一方面能够给用户提供指引和解释，另一方面也提高了该关键词在你的笔记中的出现次数，同样能够增加笔记被搜索到的概率。

4. 结尾处强调关键词，带上相关话题

大数据对于关键词的抓取主要在笔记开头和结尾，很多人忽略了在结尾处"画龙点睛"。在结尾处再次强调你的关键词，并添加相关话题，能够进一步提高曝光率。

右图这篇笔记就在结尾处再次强调了"学习干货""自我提升""高效自律""写作分享"

图注：图中的"就等"应为"久等"。

等关键词,并在末尾处添加"#学渣逆袭指南"热门话题,做到了精准吸引用户。

关键词是笔记的名片,它们给用户呈现了你笔记中最核心、最精华的内容。在信息量巨大的互联网时代,你需要让你的内容被发现,才有可能将其打造成爆款。

小红书博主@**快乐小曾**的一篇写香水合集的笔记,就把关键词添加得非常到位。从标题上看,"年度""二十岁""女生""入门"都是搜索热度较高的关键词;图片也打上了各个香水品牌的标签,并在笔记中一一做了讲解,再一次增加了关键词数量;结尾点名官方账号,添加了很多相关关键词,并添加了"#香水分享"的话题。整篇笔记都非常注重关键词的添加,关键词的选择也非常贴合热点和笔记本身的内容,所以它成了爆款。

这个账号本身粉丝数量并不是很多,但她的这篇笔记在香水合集一类的笔记中互动量很高,搜索"香水"筛选"图文"笔记时,可以看到这篇笔记排到了第三名,曝光量非常大。

在情感钻戒领域,热度高的关键词有"戒指""对戒""求婚""结婚""告白""周年礼物""纪念日礼物""爱情信物"等,你的笔记贴合这些关键词,也可以做出爆款。

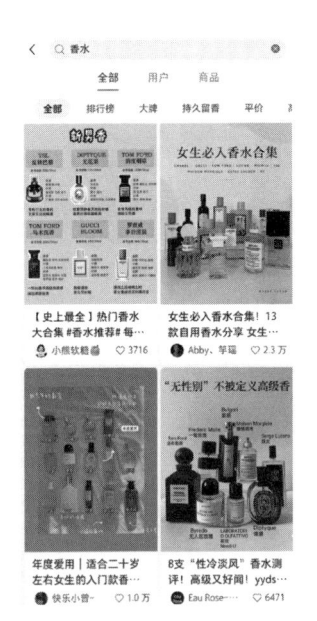

如找到"求婚"这个热度高的关键词,可以看到相关的选题有《求婚最全攻略,请转发给你

图注:"功"应为"攻"。

的男友》《甜甜的狗粮 | 分享我的求婚钻戒,性价比超高》等。

如"周年礼物"这一关键词,相关的选题有《2020 送男友礼物清单 | 男生想要的礼物在这里》《广州探店 | diy 定制特别的周年纪念日礼物》。

"周年礼物"

所以,利用好以上三大流量推荐逻辑,明白小红书背后的流量推荐秘密,做好关键词优化,一定可以为你的笔记助力。

本节小结

1. 小红书里流量推荐模式为"中心化分发"。

2. 小红书首页的4个流量入口：关注入口——根据用户关注形成的信息流；发现入口——根据用户日常浏览内容，大数据自动形成的信息流；位置入口——根据用户所在位置形成的信息流；搜索入口——根据用户特定搜索形成的信息流。

3. 小红书的三大流量推荐逻辑：个性化推荐逻辑、社交裂变推荐逻辑、搜索关键词推荐逻辑。

4. 如何选择适合且排名靠前的关键词来提升自己笔记的曝光度？从搜索热度、内容贴合度、关键词布局三个方面提升自己笔记的曝光度。

5. 在哪些位置添加关键词较为合适？内容标题一定要突出重点，以关键词的形式呈现；文章主体内容一定要多重复关键词；图片中添加关键词；结尾处强调关键词，带上相关话题。

第二节
发布时间：抓准用户活跃时间，
　　提高笔记成为爆款的概率

带团队做内容时，我会给团队成员拟定一个作品发布时间表。曾有一个女生觉得太麻烦，因为有时在下班后还要发布作品。她说："为什么一定要按这个时间来发布啊？"

我反问道："你一般什么时间发朋友圈？"

"晚饭过后吧。"

"为什么呢？"我追问道。

"朋友们都下班回家了，茶余饭后刷刷手机，这样我发的内容他们才能看到嘛！"

我笑了笑："所以你已经知道原因了，你得挑用户有空看的时候发布作品啊。"

那个女生仍觉得这不是一个重要指标，于是试着在不同时间发布同样的作品。分析数据以后，她发现在我拟定的时间段发布的作品基础数据要好很多，后续获得的流量推荐也更多。

最开始做内容时，我没有注重这点，也没有去研究。写的内容多了，在总结经验时，就发现了优质作品的共性。爆款共性不仅体现在内容上，还体现在发布技巧上。做爆款不能只埋头看内容，还要研究平台特点和用户习惯。

内容是要给用户看的，发布时不能想着我什么时候有空、什么时候能做完，而是要分析平台用户的阅读习惯。在用户空余时间比较多、活跃度比较高的时间段发布笔记更容易爆。我整理了小红书用户的 4 个活跃高峰期如下。

早班高峰 6—8 点：用户乘地铁、公交或步行中有大量的空闲时间，但因为时间零散不好做其他事情，所以通常会在社交平台上打发时间。这时候在线用户较多，而且是一天的开始，大部分人都保持着一个较好的心情状态，对内容更容易接受。

午休高峰 11—13 点：午饭过后刷刷手机是一个比较普遍的习惯。这个时间段同样是用户较活跃的时段，且用户的状态比较轻松，阅读的兴趣和耐心都较高。

下班高峰 16—18 点：这个时段大多数人都在下班途中，和早班高峰期一样，用户的空闲时间较多，会习惯性地打开社交软件。

睡前高峰 20 点—次日 1 点：晚饭过后是大部分人最闲适的时候，一般在晚 8 点左右，这时，用户活跃度高、在线时间长，且搜索内容的主动性强。

6—8点	11—13点	16—18点	20点—次日1点
早班高峰	午休高峰	下班高峰	睡前高峰

这些时间段小红书在线用户多，平台的流量自然也就多。但同时要注意这些时间段也是作品发布的高峰期，可以根据自己作品的内容和质量去选择最为合适的时间段。

发布时间除了会影响平台的流量推荐，一定程度上也会决定用户阅读你笔记时的心情和状态。选择合适的发布时间，可以提高你笔记成为爆款的概率。

本节小结

1. 发布时间导致的笔记数据差异归因于小红书用户的行为习惯。在用户在线的高峰时段内，平台的推荐会更多。

2. 小红书用户的4个活跃高峰期：早班高峰6—8点、午休高峰11—13点、下班高峰16—18点、睡前高峰20点—次日1点。

第三节
增加互动：给笔记一个推力，
　　让用户黏性更强

朋友张涛是名老师，想在小红书上做知识博主，他发布的每条笔记都花钱请人点了赞，却没能出一个爆款。他非常恼火，跑来问我。

我点开了他的小红书账号，发现每个作品都有一百多的点赞量，但很少有收藏、评论，就知道他花了冤枉钱。

我告诉他："算法比你聪明多了，每个平台的推荐机制都经过了不断的检验和优化，小红书也不例外。"

花钱买到的赞通常都是"秒赞"，用户停留时间短，互动率低。如果你把笔记转发到微信群，让人直接给你点赞，很容易被平台判定为"作弊"，不仅起不到效果，还会让你的作品被"限流"。

后来他停止了花钱刷赞。每发布一条笔记便叫朋友在小红书搜索他笔记的关键词，去点赞、收藏，并用他准备好的文案评论（有些甚至成了高赞评论），很快他作品的数据得到了显著增长。

互动量是平台推荐机制中非常重要的一项指标，会直接影响平台分给你的流量。那么，互动量具体指什么呢？

所谓互动量，就是小红书笔记被点赞、收藏、评论的数量。反映了用户对于笔记的喜爱程度和兴趣度，从一定程度上反映了笔记的质量。

对平台而言，用户停留时间是一项重要指标，而互动量与其有直接关系，所以说，互动量决定了你的内容的价值。

笔记发布后的1~2个小时，赞藏评数增长越快，就越容易被小红书平台判定为优质笔记，做进一步的推荐。

互动量越高，你的笔记被推荐的机会就越多，甚至还会在私信中收到官方的流量推荐提示。

我之前带的一个学员 **@小瓷自然美育**，十分注重笔记的质量，她按照我的方法，在运营之初在就做出了多篇优质爆款笔记。她做的时候非常专一，对自己的选题也有清晰的策划。10年园林老师的经历，让她积攒了丰富的经验，也正是由于专业能力强，她才能够输出对用户有价值的内容。就如《毁掉一个孩子，就让他成天待在家里》这篇笔记，很容易引发用户思考："让孩子整天待在家里到底对不对？"对于用户来说，这篇笔记引起他们很强的好奇心，因此互动量必然会增加。

而且，她非常注意互动，在正文中附了很多资料，从而吸引点赞、收藏、评论。由于内容十分出色，这篇笔记获得了官方 13100 次的曝光助推。

很多人在做内容时都会经历个位数点赞、零评论、零收藏的窘境。做内容得不到正反馈，对更新动力也是巨大的削弱。为什么用心做的内容数据会这么差？

第一，你在自我陶醉，你的笔记用户不喜欢，数据反馈差，没有被算法推荐至下一轮。

第二，笔记违规被限流。发生这种情况，小红书成长助手会私信提示你。

除去以上原因，你的内容在很优质的情况下，还是较难被推荐，你可以试试前期人工干预：发布笔记后，查看笔记是否被小红书收录。即在小红书搜索笔记中的关键词，看是否有你的笔记，如果有，就说明被收录了。一般情况下，你发布笔记后的 5～10 分钟，系统会抓取笔记关键词，自动审核然后收录在系统中。

而后，你可以找十几个人在小红书搜索你笔记中的关键词，给你点赞、评论、收藏，增加笔记的基础数据，先让它跑起来，获得更多流量。另外，评论可带上热度较高的关键词，形成优质评论，这样也能增加你笔记的曝光率。

如上页图左这篇笔记中的高赞评论："我就在这里学英语""go away 出现得有点多"，就呼应了这条笔记的关键词，增加了笔记曝光率。

@娉爷数学课堂的这篇笔记中，博主对许多评论进行了回复，增强了用户的信任感，也提高了互动频率，从而增加了笔记被平台推荐的概率。

互动量是一组可以直接被看到的数据，但除了这些数据，更值得关注的是数据背后反映的用户的行为动因，抓住这些动因，就可以提高互动量，逐渐被推荐，完成冷启动过程。

本节小结

1. 互动量：即小红书笔记被点赞、收藏、评论的数量，反映了用户对于笔记的喜爱程度和兴趣度，从一定程度上反映了笔记的质量。

2. 人工干预：大部分爆款都不是自然形成的，笔记发布以后需要一定的人为推力来获取平台的流量推荐。一篇笔记发布后要至少找10个人去点赞、评论、收藏，增加笔记的基础数据，才能获得更多流量。

第四节
等级体系：升级账号等级，增加账号权重

在每个平台里，所有账号其实都有对应的等级，只是大部分平台不会显示出来，而小红书将账号等级对外显示了。你的账号等级越高，你在平台的权重也就越高，平台给你推荐的流量也就越多。

小红书账号运营除了内容打造以外，也需要通过做平台任务提升账号等级。从"尿布薯"到"金冠薯"，不断提高账号权重，才能增加你笔记成为爆款的概率。

其实等级能不能被看见并没有那么重要，对用户而言，你的账号等级的说服力远没有粉丝量的说服力强。但显示等级可以让你知道自己的等级状态，有利于博主主动增加账号权重。

什么是账号权重呢？

账号权重是你的账号对于平台的重要程度，它取决于你的账号等级、粉丝量、作品数据等。在短时间内无法改变其他

因素的情况下,提升账号等级是相对容易的。在小红书里,从尿布薯到金冠薯,每一级都有对应的升级任务,你可以根据任务去积累点赞、评论、收藏量,先提升账号权重,再去打造爆款。

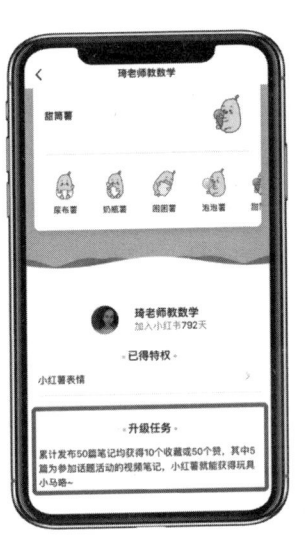

Step 1:点击你的等级
了解你当前账号的升级任务

Step 2:根据任务发笔记

小红书的小红薯(对小红书用户的昵称)一共分为10个等级,从低到高依次为:尿布薯、奶瓶薯、困困薯、泡泡薯、甜筒薯、小马薯、文化薯、铜冠薯、银冠薯和金冠薯。

1. 尿布薯

发布 1 篇有效笔记，并且该笔记被点赞、收藏、评论各 1 次，就可以获得第一个小红薯形象。有效笔记是指，按照小红书规则，符合社群规范，有图片、有文字的笔记，或视频笔记，并且需要被点赞、收藏、评论各 1 次。

2. 奶瓶薯

发布 1 篇笔记获得 5 个收藏或 10 个赞，或者发布 1 篇话题笔记，就可以进阶成奶瓶薯了。奶瓶薯是在尿布薯基础上提升单篇笔记的数据指标升级而成的。话题笔记，就是在笔记中加"#"，选择官方发布的话题创建话题笔记。对于新手来说，在保证笔记数据的基础上，可以多尝试发布话题笔记，提升账号等级。

3. 困困薯

累计 3 篇笔记均获得 5 个收藏或 10 个赞，或者累计发布 3 篇话题笔记，就可以获得小枕头图标，进阶成困困薯了。可以发现，困困薯的规则中增加了发布笔记的数量和互动数据指标，增加了话题笔记的数量，这意味着平台在引导博主多发布笔记，且以话题笔记为主。

4. 泡泡薯

累计 5 篇笔记均获得 10 个收藏或 50 个赞,其中 1 篇为参加话题活动的视频笔记,小红薯就学会吹泡泡,成为泡泡薯了。这个等级的提升难度较大,与困困薯的规则相比,点赞量增长 4 倍,收藏量增长 1 倍。而且从笔记属性看,需要新增 1 篇参加话题的视频笔记。所以,要想升为更高的等级,须多发布视频笔记并参与话题活动,小红书官方希望用户后续以视频笔记生产为主。

5. 甜筒薯

累计 12 篇笔记均获得 10 个收藏或 50 个赞,其中 3 篇为参加话题活动的视频笔记,小红薯就能吃到甜筒,成为甜筒薯了。这一等级规则中,点赞收藏量的要求没有变,只是增加了发布笔记的数量以及视频笔记的数量。

6. 小马薯

累计 50 篇笔记均获得 10 个收藏或 50 个赞,其中 5 篇为参加话题活动的视频笔记，小红薯就能获得玩具小马，成为小马薯了。这一规则同样只增加了累计发布笔记数量和视频数量。

7. 文化薯

累计 9 篇参加话题活动的视频笔记均获得 10 个收藏或 50 个赞，或者累计 100 篇笔记均获得 10 个收藏或 50 个赞，小红薯就学会读书的技能，成为文化薯了。这一等级规则中，笔记的发布数量由上一级的 50 篇增加到了 100 篇，或者你也可以从带话题的视频笔记入手，数量从之前的 5 篇提升到 9 篇。

8. 铜冠薯

累计 12 篇参加话题活动的视频笔记均获得 10 个收藏或 50 个赞，或者累计 300 篇笔记均获得 10 个收藏或 50 个赞，小红薯就会获得薯队长颁发的铜冠，成为铜冠薯了。与文化薯相比，发布笔记的数量从 100 增加至 300 篇，且要求每篇都获得 10 个收藏或 50 个赞，还是有点难度的，也需要时间的积累。而带话题活动的视频笔记只要累计增加 3 篇 10 个收藏或 50 个赞的就可以，这个目标相对更容易实现。

9. 银冠薯

累计 15 篇参加话题活动的视频笔记均获得 10 个收藏或 50 个赞，或者累计 500 篇笔记均获得 10 个收藏或 50 个赞，小红薯就会获得薯队长颁发的银冠，成为银冠薯了。银冠薯的规则与铜冠薯相似，增加带话题活动的视频笔记数量仍是提升等级的关键，而单纯增加普通笔记的数量难度较大。

10. 金冠薯

累计 18 篇参加话题活动的视频笔记均获得 10 个收藏或 50 个赞，或者累计 800 篇笔记均获得 10 个收藏或 50 个赞，小红薯就会获得薯队长颁发的金冠，成为金冠薯了。想要拿到金冠薯这个最高等级，更容易的做法是持续增加带话题活动的视频笔记的数量。

本节小结

1. 账号权重：账号权重是你的账号对于平台的重要程度，它取决于你的账号等级、粉丝量、作品数据等。

2. 小红书的小红薯一共分为10个等级，从低到高依次为：尿布薯、奶瓶薯、困困薯、泡泡薯、甜筒薯、小马薯、文化薯、铜冠薯、银冠薯和金冠薯。

第六章

复盘：
避免犯同样的错误，
用思维校准行动方向

PART 6

第一节
复盘步骤：从思维推演到行动的五大步骤

输出大量笔记后，或许你会发现这样几种情况：同样的选题，点赞、收藏量天差地别，涨粉数很不稳定，用户评论量不一……

这时需要怎么做？答案是：复盘。

复盘是发现问题和解决问题的重要方法。

这项能力对于小红书创作和运营也至关重要。如果你只是盲目创作而忽视复盘，可能会遭遇迷茫的困境，如果你重视复盘，就可以利用数据轻松把握创作方向。

真正的高手能够看到问题、抓住重点、直指本质，复盘正是帮助你抓住重点、修复问题、回顾之前不足，从过去获得能量，并指导下一步行动的最有效方法之一。

在职场中，你如果复盘做得好，甚至可以成为公司团队学习的典范。我在带小红书运营团队时，给新人的培训文件大部分都是老员工的复盘总结文档，带教效率也大大提升了。新人参考我所分享的内容，能够快速上手，不用担心走弯路，而且在新的实践中总结的有价值的内容，还可继续补充进这份复盘文档中，进行迭代升级。

做好复盘有五大步骤：回顾目标、比对结果、深度提问、总结经验和规划行动。

1. 回顾目标

这是复盘首先要做的一步。值得注意的是，我们说的目标是要能量化的目标，即数据目标，因为数据是最为客观的且是可衡量的。

对于运营小红书账号而言，如果你的核心目标是涨粉，那么你要回顾的数据则是涨粉数、爆款笔记数以及笔记发布数。涨粉数很好理解，是最直接的数据指标。至于爆款笔记，对于小红书运营新人而言，互动量（点赞量＋转发量＋评论量）大于 1000 的笔记就可以称为爆款笔记了；而对于有一定运营经验的人来说，互动量大于往期最高互动量的 20% 的笔记则可称为爆款笔记。所以，平时需要去记录笔记的互动量，进而统计爆款笔记数。一个账号 80% 的粉丝来自爆款笔记，这也是我们关注爆款笔记数的意义，但在还没有做出爆款之前，为了培养对于爆款的认识，我们需要一定的笔记发布数。当然，发布更多的笔记，自然也会因为有新内容面向用户而获得更多粉丝。所以，我们需要关注笔记发布数。

这是在账号涨粉阶段需要关注的数据指标。对于不同的账号发展阶段，需要关注的数据指标也会发生变化，后续会结合案例为大家说明。

2. 比对结果

比对结果很好理解，就是对比获得的阶段性数据结果与目标之间的差距。这里需要提醒大家注意三点：一是要注意对比变量的设置；二是要注意变量间的相关性；三是要注意变量采集的标准。

还是以前面我们设定的目标——涨粉数为例，我们关注的重点数据指标是涨粉数、爆款笔记数以及笔记发布数。

注意对比变量的设置，意思就是我们不能只拿当前周期的数据结果进行分析，还要与之前的数据结果进行对比。假设我一周发布5篇笔记，对这一周的数据结果进行复盘，我需要设置对比变量，即把前一周的5条小红书笔记结果也列出来，并计算各指标的平均数，再进行分析。

注意变量间的相关性，意思是涨粉数、爆款笔记数以及笔记发布数之间互有关联。如果我增加了笔记发布数，带来了涨粉数，同时我发现笔记的互动量也有提高，而我们知道互动量与爆款笔记有关,那么互动量提高是否能证明爆款笔记数也提高了呢?这就需要结合一周内的爆款笔记数来判断,而不能只从互动量中得出结论。

注意变量采集的标准,可以理解为统计笔记互动量时,要尽量保证无关变量一致。比如都在笔记发布48小时后统计。建立统一的数据采集标准,才能更好地判断哪些内容是值得后续发力创作的。

3. 深度提问

深度提问其实是通过问答过程分析。团队中,一般是领导对结果进行提问;如果是个人运营,我非常建议大家把自己的问题和回答用纸记录下来,这样更能发现问题,且督促你真正思考和分析,而不是简单想想。

提问时,建议大家多问深层问题,不要浮于表面。比如你对自己一周的数据结果进行提问时,你发现你的笔记发布数不够,于是问自己:"为什么我发布的笔记数不够?"

你的第一个想法是"我的事情太多了"。这不算结束,你还应该继续提问:"为什么我的事情会太多?"

然后进一步分析,看看你把时间花到哪里了,以及你是否因为设置的目标不合理而产生了抗拒心理,所以不愿意花时间来运营小红书。如果是,则需要重新设置目标。

除去心态,很多人的问题是没有真正对照爆款来进行创作,所以爆款笔记数很少。这部分的分析我也会在后续结合案例进行具体说明,并给大家提供解决方法。

4. 总结经验

完成上面三个步骤,你可能发现了一些问题,也想到了解决方法,你需要将你发现的这些东西记录下来。

这就是你总结的有价值的经验,它们是通过实践得来的,而不是脱离实际的臆想。写下这些,你会变得更加有信心,因为你正在用行动消除现实与目标的差距。

所以,不妨停下发布笔记的步伐去总结经验吧!

5. 规划行动

总结经验是对方法的优化,而你还需要再向前一步,就是规划行动。你要写下你的行动计划,把你总结的经验转换成行动指令,就像是给大脑一个激活指令,要明白自己下一步该做什么。

当然,规划行动还是要围绕数据目标。如果这周复盘后发现涨粉数没有按照预期提高,又通过分析发现是因为发布笔记数没有提升,那么下一周的行动则是:我下一周要发布至少 ×

篇笔记。

行动规划建议不要超过3条，且你要明确其中最重要的一条，并在下周全力以赴去实践。

本节小结

1. 回顾目标。回顾制定好的数据目标。对于小红书运营而言，常见的核心数据指标有：涨粉数、爆款笔记数及笔记发布数。

2. 比对结果。注意对比变量的设置、变量间的相关性和变量采集的标准。

3. 深度提问。个人提问建议用纸笔记录，多问几个为什么，找到问题本质和解决方法。

4. 总结经验。不用着急行动，按下暂停键，去补齐现实与目标之间的差距，向高手进阶。

5. 规划行动。再向前一步，做好行动规划，并按规划执行。

第二节
品牌复盘：你和高手之间差一个细节

近年来，中国新消费行业蓬勃发展，新消费品牌已成为多元商业发展中不可忽视的力量。完美日记、泡泡玛特、元气森林无疑都是其中最具代表性的品牌，它们或开创了一个新的消费赛道，引领"95后""00后"新的生活方式，或重新定义传统消费赛道，成为行业破局者。

这些变化的背后，是当下消费者与品牌之间关系的变化。品牌需要更能洞察消费者需求，相信营销的力量，愿意为口碑买单。小红书平台正好为很多品牌提供了这样的机会。在小红书上，越来越多满足用户需求的新品牌被不断推荐，小红书也在通过"2021WILL 未来品牌大赏"等活动，让更多优秀品牌被看到。

在中国消费崛起的背景下，无论是初出茅庐的新品牌，还是已经有一定积累的传统品牌，我都希望你不要错过小红书。

我自己曾服务过的客户都看到了小红书平台带来的变化。

那么对于品牌而言，如何做好小红书运营复盘，如何用复盘来为整个团队赋能呢？我将在本节中从两个方面——品牌官方账号涨粉和品牌关键词投放，和你分享我在教育、旅行、时尚等多个行业被反复验证的复盘经验。

第一个方面：以品牌官方账号涨粉为主要目标

1. 回顾目标

一级数据目标：粉丝数。品牌现有粉丝数为1.1万，要在半年内将粉丝量提升至2.5万，即需要增加1.4万粉丝，每周需要增加约538的粉丝数。二级数据目标（对一级数据目标进行拆分，得到二级数据目标）：发布数。品牌每周发布笔记条数从原本的每周3条增加至每周9条。

2. 比对结果

本周该品牌实际净增粉丝数为533人，相比设定目标还差5人；实际笔记发布量11条，超额完成2条。

对比前五周的各项细化指标可以发现，本周发布条数相比之前平均的3.8条/周，提升到了11条/周；总阅读量为

5650，相比前五周平均总阅读量 5080.4 提升了 569.6；净增粉丝数为 533，相比前五周的平均净增粉丝数 191.6 增加了 341.4。可以发现，提升笔记发布条数对账号粉丝数的增加起到了促进作用。

同时，在内容层面，做得好的内容占比也有提升，因为内容的优化，转粉率也从 2.45% 提升到了 2.62%。

3. 深度提问

问题一：是否关注了笔记的平均阅读量？

回答：暂时没有。

建议：需要关注笔记的平均阅读量。因为总阅读量提升了，但每周发布的笔记数增加了，所以算下来笔记的平均阅读量可能在降低。那么在保证发布数量的基础上，运营重心需要转向打磨爆款笔记。

问题二：如何进行爆款笔记的创作？

回答：继续增加原有爆款内容的占比。

建议：一方面加大原有爆款内容的占比，另一方面模仿平台上的爆款笔记。这里要注意，不要一开始便以栏目化的方式去规划发布内容，而是做爆款归纳，找到在平台高频出现的爆款进行模仿。然后先发布这些模仿出来的笔记，依据用户反馈不断调整发布内容，最终慢慢形成栏目。

问题三：目前的数据统计标准是否一致？

回答：目前是不一致的，没有留意到这个问题。

建议：这是要注意的。比如这里的统计数据都是这周统计的，那么这周、前一周、前两周每篇笔记的发酵期是不一样的。后续统计可以考虑都在单篇笔记发布24小时的时间节点统计，这样可以保证相同的统计标准，以便进行笔记效果对比。

4. 总结经验

通过本周复盘，可以总结的运营经验有：提升发布数量对于小红书的粉丝增长有极大的促进效果；在提升数量的基础上，需要内外部共同发力，把控笔记的内容质量；对笔记数据的统计需要设定统一标准。

5. 规划行动

第一，继续维持当前发布条数。从这周的复盘中可以发现，增加一定的发布数量，对于小红书的运营有促进作用，所以在下周运营中，可继续保持现有发布数量。第二，搜集素材，制作爆款选题笔记并发布。在保证发布数量的基础上，要争取做出爆款笔记。本周发布笔记的平均阅读量为514，争取下一周笔记的平均阅读量提升20%至617，并将这一数据目标纳入二级数据目标中。

除了以品牌官方号涨粉为品牌小红书运营的主要目标外，品牌方还可以通过增加品牌关键词投放，进行小红书运营。品牌关键词投放是企业品牌宣传和营销的主要方式之一。下面和你分享我之前与企业合作项目关于这方面的复盘记录。

第二个方面：以品牌关键词投放为主要目标

1. 回顾目标

运营周期为一个月。一级数据目标：带关键词文章数80篇。拆分为官方号20篇、矩阵号50篇、达人号的外部投放10篇。二级数据目标：爆款（互动量>300）20篇。拆分为官方号4篇、矩阵号10篇、达人号的外部投放6篇。

2. 比对结果

一个月后，对数据进行复盘。本月该品牌发布带关键词的笔记110篇，其中官方号21篇、矩阵号69篇、达人号外部投放20篇。共产生9篇爆款笔记，其中官方号0篇、矩阵号5篇、达人号外部投放 4 篇。

3. 深度提问

问题一：发布数量的目标达到了，为什么爆款数没有达到？

回答：确实模仿了爆款笔记内容，但不知道为什么，数据结果就是不好看。

建议：还是不熟悉爆款的定义和做法，建议先做好爆款拆解，然后找专业人士进行指导。因为普通人和高手之间差的不是理解（懂不懂），而是细节（能不能）。你懂爆款了，不等于能做爆款了。所以需要你真去拆解，然后让专业人士帮你把关，不断对笔记做修正。

问题二：有篇名为《十八岁生日礼物推荐》的笔记，为什么其他团队可以做出爆款，而我们没有做出来？

回答：可能是文案还不够吸引人吧。

建议：看似回答了，但其实什么都没有回答。从这点上看，品牌方在玩转爆款上还有很长的一段路要走。文案不够吸引人，缺少的东西是什么呢？去认真看看爆款笔记的评论区，你会发现很多人都在用煽情的句子写评论，而这部分内容，你写的笔记里没有体现，这是你的笔记不够吸引人的原因。即使在文案中没有写，你也可以在评论区预留这类评论。对于爆款的模仿要更细，爆款笔记的标题、内容、首图、高赞评论等各个方面都要做分析。

问题三：为什么有些笔记在这个账号是爆款，在其余账号分发的时候效果不好呢？

回答：是不是被限流了？

建议：确实是这样。但我希望你再问一个问题，为什么会被限流，以及为什么我们希望用同样的内容做分发？分发是因为我们的素材足够好，可以最大化利用。为什么有些内容会被限流呢？其实是因为你对素材的二次处理没有做好。简单来说，如果这个账号是用一张图做首图，另一个账号分发的时候，可以把几张图拼一拼做成九宫格，内容呈现就发生变化了，包括文案等都可以调整。分发的本质是对素材的最大化利用，而并没有限定素材的呈现方式要一模一样。

4. 总结经验

通过提问可以发现，该品牌团队对于爆款内容的认识及制作方面没有做好，为其总结的经验有：搭建爆款素材库，对爆款分类分析，总结每类爆款出现的原因，并加大对爆款共性的研究，加大内容创作力度。

本节小结

1. 以品牌官方账号涨粉为主要目标，通过复盘发现其需要加强官方号爆款笔记内容的创作，主要从两方面优化：增加现有爆款笔记占比，以及增加对平台爆款笔记的模仿。

2. 以品牌关键词投放为主要目标，通过复盘发现其在爆款生产上还存在一定问题。建议搭建爆款素材库，对爆款分类分析，总结每类爆款出现的原因，并加大对爆款共性的研究，加大内容创作力度。

第三节
个人复盘：为个人运营小红书做规划

以"海淘攻略"起家的小红书，逐渐发展为生活方式分享聚集地，吸引了一批年轻人，尤其是年轻女性。小红书一直是用户黏性高、内容分享活跃的社区，这也为小红书的广告变现提供了有力支撑。

对于个人而言，在小红书上分享自己的美妆心得、家装感悟、知识干货等都是非常好的选择。下面就和你分享我的学员用一周时间对知识账号做的复盘。

1. 回顾目标

小红书操作方案：

立目标：第一周产出14篇笔记，吸引1000+粉丝关注，点赞收藏数量达到10000+；

找选题：找爆款选题，必须有3条以上有5000+点赞量的笔记；

写内容：对标爆款内容，不要盲目写；

发布：用"创客贴"作图，分析热门标题，发布文字要字数在300+，注意关键词占比；

冷启动：利用社群，至少保证每篇有30个点赞和收藏；

监测：及时查看小红书数据，发现笔记有成为爆款的趋势时要分批安排评论冲数据。

2. 比对结果

一周过后，小红书笔记发布12条（剩余2条已补充），粉丝量达到277，相比目标1000+，达成率为27.7%；点赞收藏数量达到2855，相比目标10000+，达成率为28.55%。

通过数据图表分析，可以得出结论：发布的小红书笔记中，图文的干货较多，其点赞收藏数是视频的2.75倍。视频内容过于基础，干货少，因而点赞收藏量少。

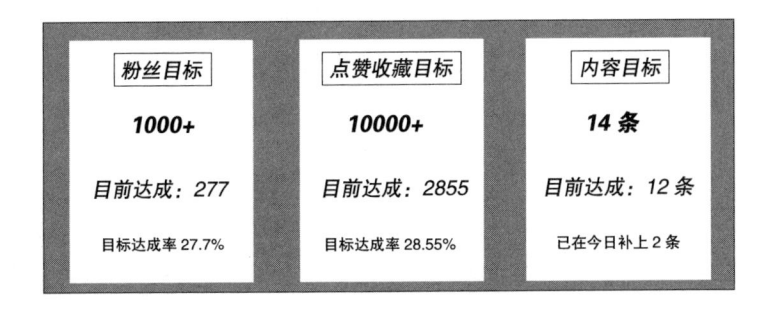

粉丝目标	点赞收藏目标	内容目标
1000+	**10000+**	**14 条**
目前达成：277	目前达成：2855	目前达成：12条
目标达成率 27.7%	目标达成率 28.55%	已在今日补上2条

3. 深度提问

问题：这一周在哪些方面我做得不好？

自答：

和爆款相似度不够。对比自己做的笔记和爆款笔记，发现爆款笔记的配图清晰直接，标题和正文内容也特别直接。

有的标题取得不够好，参考热门标题进行改进。如"新媒体运营月薪 2 万必备工具丨收藏使用必火"这个选题，爆款笔

记普遍使用的是"月薪过万""月入过万";"成长必读,警惕愚昧之巅的人丨自我认知"这个选题,大部分人对于"愚昧之巅"没有概念;"给人生做减法,工作交友丨高质量人生"这个选题,爆款视频原标题是《发财就三个字:做减法》。

热门标题

面试时最难回答的10个问题,附话术技巧(1.3万赞,1.4万收藏)
【工作求职面试篇】HR必问问题合集1🔥(7372赞,6578收藏,13评论)
史上最简单的面试模板分享收藏备用(7219赞,5952收藏,13评论)
资深HR总结高频面试问题漂亮回答 建议背诵(4031赞,4967收藏,22评论)
HR最常问的8个面试问题💭这样答👍(7313赞,6439收藏,3评论)
干货🔥HR最常问的8个面试问题,这样答!(1.7万赞,1.5万收藏,90评论)
求职攻略丨8个高频面试必问问题💼(1.3万赞,1.3万收藏,26评论)
求职攻略,面试官常问的10个问题及回答技巧(1.8万赞,2.4万收藏,192评论)
金三银四跳槽季9大问题避坑指南+3大模型(3726赞,4807收藏,64评论)丨

我的标题

HR最常问的10个面试问题,这样答!附话术丨求职攻略🔥

  文字内容和图片内容重复,一定程度上减少了信息密度。
  创作的视频内容与小红书调性贴合不够。具体来说,在选题方面,自己做的选题不是爆款选题;在视频方面,视频时间略短,深度不够,语速过快;在粉丝互动方面,和小红书粉丝的互动不强。

4. 总结经验

第一，笔记发布只是第一步，之后可以反复修改编辑，不断接近爆款；

第二，做内容不要自我陶醉，警惕认知偏差，如"月薪2万"应改成"月薪过万"；

第三，先关注实用，再考虑美观，如内容封面，突出关键信息更重要；

第四，关注内容定位，不单纯追求粉丝数量，做和变现最接近的事。

5. 规划行动

模仿爆款图文合集和爆款视频创作，提高爆款率，保持每日更新至少两篇笔记。

接下来的两天内，找出10个爆款选题写出脚本，再用三天时间进行拍摄，每周重复进行，争取使视频点赞收藏数提升50%。

在社群运营方面设立合适的门槛机制，进行小范围运营，同时给表现积极的同学正反馈。

下周复盘数据时明确高赞笔记的类别，逐步确定定位。

本节小结

针对个人运营小红书复盘，本节依旧从回顾目标、比对结果、深度提问、总结经验以及规划行动五个方面展开，相信会对你有所启发，帮助你尽早开启自己的小红书运营之路。

第七章

变现：
四大变现形式，让你在小红书变现有法

PART 7

第一节
商业广告变现：三大广告变现方式，
　　用商业广告获取收益

小红书的粉丝定位非常精准，这已成为事实。用户从打开小红书到浏览笔记获取知识这一整个需求被满足的闭环中，就有很多环节存在商业价值，从而实现变现，如商业广告变现、带货变现、私域引流变现、课程变现等。商业广告变现又分为交换物品变现、替换广告文案图片变现、品牌合作广告变现。

1. 交换物品变现

这种变现方式通常是指，商家在推出新产品时有投放和宣传需求，他们会给小红书博主免费邮寄一套产品，小红书博主为其创作一篇宣传产品的笔记作为交换。

交换类变现方式也分为无费交换和有费交换。无费交换适合粉丝量较少的博主，随着粉丝量增长，交换的形式会转变为有费交换，也就是在商家提供产品的基础上，博主还会收取少量广告费用。

无费置换变现的门槛非常低，除了在特定领域粉丝量多的达人（KOL），粉丝几千，甚至粉丝几百的素人（KOC）也可以接到无费交换的商单。只要素人的领域和方向比较垂直，就会博得商家的青睐。因为商家在产品宣传时，希望找到小红书各个层级的博主推送宣传。

有时一些素人推广产品时，推广数据还非常好。

我曾经有一名学员，是穿搭领域的博主，刚开始做小红书。她发布了几篇笔记，做出了几条小爆款，涨了几百粉丝，没想到就收到了服饰类商家的邀约，商家赠送其一套价值300元的服饰，要求其发布一篇笔记介绍这套服饰。

还有一个朋友是护肤博主，她表示："没想到做护肤博主一段时间，竟然实现'护肤品自由'了！"因此她非常感谢我。她现在分享护肤知识和护肤品测评时，经常会收到商家和品牌方寄送的新款护肤品。护肤品从开始用一层的收纳盒收纳，到现在已经换成四层的置物架来放置了。

另外，作家出版新作品，会与部分博主约定通过小红书笔记推介宣传，并以给予报酬或免费寄送实体书等方式作为回报。像我写的《从零开始做内容》一书，就已经成了小红书的流量密码，推荐此书的爆款笔记频频出现。

以下是一些博主在帮我推广《从零开始做内容》这本书时具体的合作形式。

小红书博主 @ 云朵喜儿在我的邀请下，写了一篇《从零开始做内容》的书籍推荐。展示了书籍封面、目录、精彩内页等，并配上介绍文案。这篇笔记的点赞收藏量目前已破万，博主也凭借这一篇笔记吸粉上千。博主不仅获得了实体图书，还涨了粉，出版社也获得了大量曝光，可谓多方获利。

小红书博主 @ 乔书撰写的爆款笔记《从零开始做内容，看这本书免走 90% 的弯路》点赞收藏量也破千了。她在认真阅读这本书后，把书中的要点制成了图片，并在文字内容中阐述阅读感悟，极大方便了用户，让他们可以迅速提取本书重点。通过这种合作，博主获得了书籍，我的书籍也得到了宣传。

小红书博主@小吕行不行 的《一周一本，从零开始做内容》

第七章 变现：四大变现形式，让你在小红书变现有法

笔记，以书籍封面和自己整理的思维导图为主干，通过文字内容告诉我们："这本教你做内容的工具书真的干货满满！书中列举了很多自媒体的底层逻辑和实操经验，很适合自媒体小白入门！"这些文字有成为爆款笔记的潜质，博主因此在涨粉的同时也实现了轻松变现。

此外，我的作品《底层逻辑：厉害的人如何实现人生逆袭？》《人人都能学会的刷屏文案写作技巧》也都采用了这种推广方式。

小红书博主 @ 小书卷儿在宣传《底层逻辑：厉害的人如

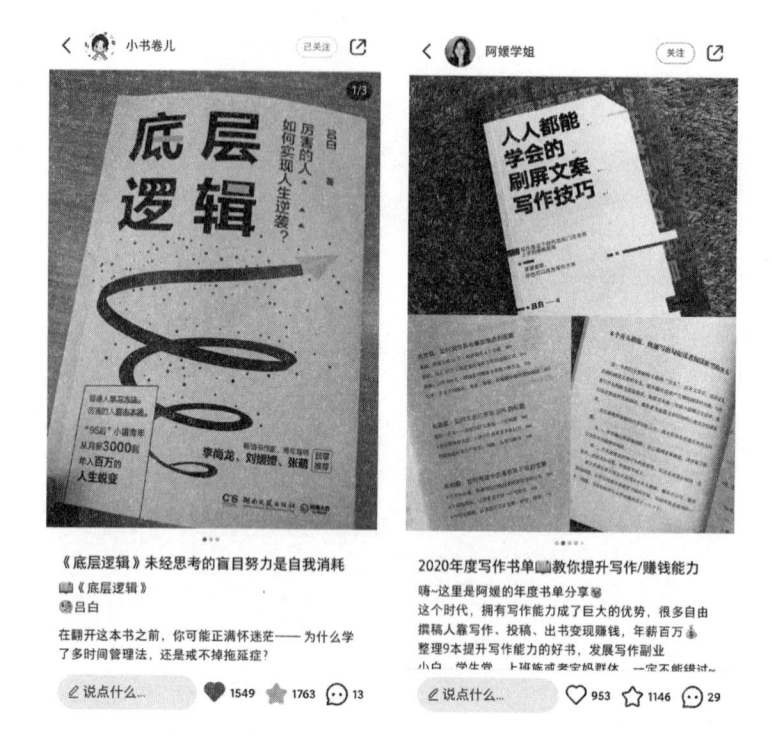

何实现人生逆袭？》这本书的笔记中，上传了书籍的封面和内页图，并在文字内容中描述了个人的阅读感受，列举出内容要点、对读者的启发等，提前帮用户画了重点。

小红书博主 @ **阿媛学姐**在《2020年度写作书单，教你提升写作/赚钱能力》这篇笔记中，列举了9本实用写作畅销书，把每本书的封面、目录和精华内容拼成一张图，并在文字内容中详细阐述书籍信息，如"爆款文案作者吕白通过介绍标题、选题结构等7个方面的写作技巧，用近50多个方法教读者如何快速写出阅读量超 10 万的文章，真的超厉害！"她最近告诉我，现在已经实现了纸质书自由。

2.替换广告文案图片变现

替换文案和图片，是基于小红书可不断修改已发布笔记的功能，而衍生出的商业变现模式。具体可细分为替换文案类广告、替换图片类广告、替换图片和文案类广告。

替换文案类广告一般是指，品牌方或广告主通过该品牌产品对应领域的关键词搜索到爆款笔记，与该爆款笔记的博主私信联系，出价把爆款笔记中的一些内容替换成产品广告文案，替换时间一般为永久。

替换图片类广告、替换图片和文案类广告同理，只是替换的内容不同。

有一些 App 推广商家就会找到符合 App 定位的博主以这种方式合作。比如《20 款可以偷偷玩的 App》这条爆款笔记，介绍了一些实用 App，在笔记数据起来之后，就可以通过换图把"App"修改为"公众号""必备公众号"等字眼，配上与整体风格相统一的图标，以帮助商家进行公众号推广，实现变现。另外如果有用户通过相关公众号里面的优惠券链接下单，博主还可额外获取部分佣金，一举两得。

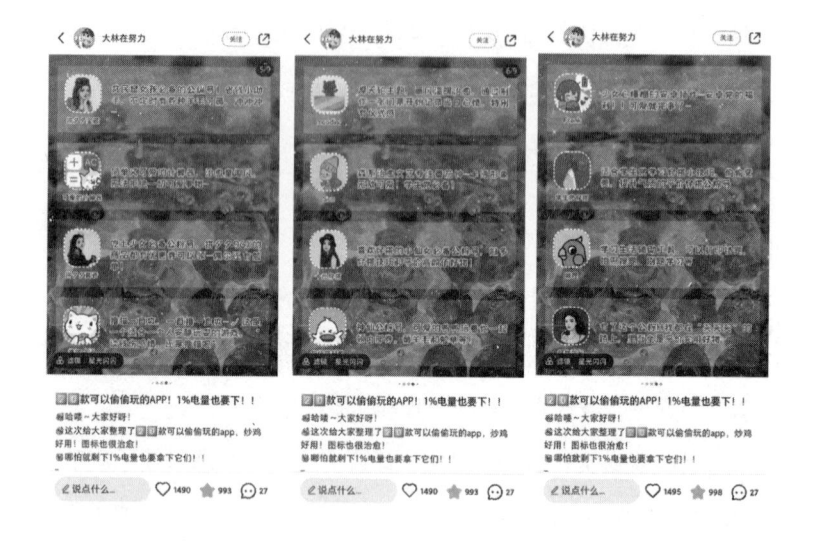

3. 品牌合作广告变现

　　品牌合作广告变现是小红书常见的变现形式之一，即商家付费给小红书博主，博主按照商家的要求创作一篇图文或视频笔记，宣传商家品牌或商品。一般为软性广告形式，既符合博主的定位，给用户提供价值，又可为商家宣传商品，达到共赢。这类变现方式的费用一般由粉丝量和笔记数据决定。博主粉丝量越大，广告费用报价越高。

　　这种变现方式的渠道分为官方渠道和非官方渠道。

　　从官方渠道接广告，需要博主申请成为小红书品牌合作人。小红书蒲公英平台为众多品牌和优质博主推出了内容合作营销业务。博主与各行业的品牌方双向选择，通过创作优质内容，实现博主、品牌方合作共赢。品牌方和博主之间的品牌合作包括但不限于新品试用、好物带货、探店、品牌产品植入等形式，所有交易都要在蒲公英平台进行，平台会双向收取一定费用。

博主的申请条件有：完成专业号认证、粉丝数超过5000、无社区违规。主要的合作权益有：①商业变现。获取官方推广资格，推广商家产品，实现流量变现。②数据工具。查看笔记数据，进行数据分析可感知合作效果。③更多机会。品牌合作平台，展示更多的合作机会。

非官方渠道接广告一般为小红书博主与商家自行商定合作方式和费用。博主可结合粉丝数和内容质量报价，均价一般为1000元/万粉，可随账号质量和笔记数据高低而浮动。

接单平台有"群量"和"映兔"等。小红书的官方参考价格为：（0.1～1元）×阅读量。如：笔记阅读量为1万，那么小红书的官方参考价格为1000～10000元。

以下是小红书博主**@我安了个安安**整理的报价体系，仅供参考。

报价体系

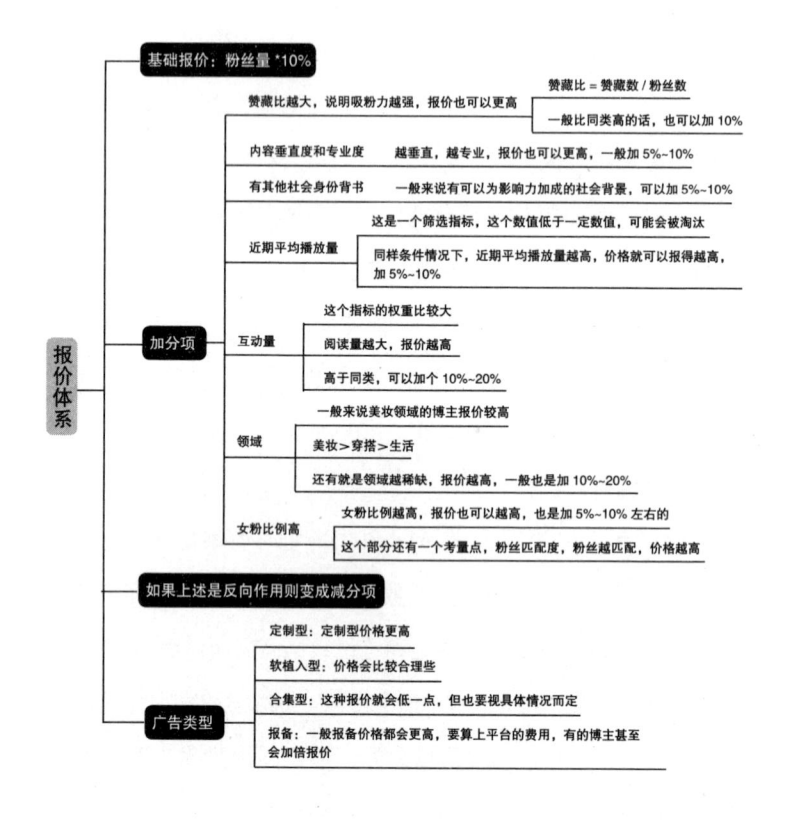

- **基础报价**：粉丝量 *10%
- **加分项**
  - 赞藏比越大，说明吸粉力越强，报价也可以更高
    - 赞藏比 = 赞藏数 / 粉丝数
    - 一般比同类高的话，也可以加 10%
  - 内容垂直度和专业度：越垂直，越专业，报价也可以更高，一般加 5%~10%
  - 有其他社会身份背书：一般来说有可以为影响力加成的社会背景，可以加 5%~10%
  - 近期平均播放量
    - 这是一个筛选指标，这个数值低于一定数值，可能会被淘汰
    - 同样条件情况下，近期平均播放量越高，价格就可以报得越高，加 5%~10%
  - 互动量
    - 这个指标的权重比较大
    - 阅读量越大，报价越高
    - 高于同类，可以加个 10%~20%
  - 领域
    - 一般来说美妆领域的博主报价较高
    - 美妆＞穿搭＞生活
    - 还有就是领域越稀缺，报价越高，一般也是加 10%~20%
  - 女粉比例高
    - 女粉比例越高，报价也可以越高，也是加 5%~10% 左右的
    - 这个部分还有一个考量点，粉丝匹配度，粉丝越匹配，价格越高
- **如果上述是反向作用则变成减分项**
- **广告类型**
  - 定制型：定制型价格更高
  - 软植入型：价格会比较合理些
  - 合集型：这种报价就会低一点，但也要视具体情况而定
  - 报备：一般报备价格都会更高，要算上平台的费用，有的博主甚至会加倍报价

前段时间，我约了小红书博主 @**阿嫒学姐**聊关于小红书变现的问题。

@ **阿嫒学姐**在小红书平台有超 10 万的粉丝，她也是一位中国传媒大学新闻与传播专业的硕士毕业生，在平台以传媒学姐的定位分享女性成长、职场干货、变美好物等内容。

我首先问她曾经接过什么类型的广告，数据反响怎么样，粉丝有没有发现推广并抵触。

她回答说:"因为我自己做的领域挺广泛的,所以接到的广告也丰富多样。与支付宝、教育机构、美妆护肤品牌都合作过。"同时,她也给我介绍了几个变现案例。

《月薪 3k 变 10k,3 个理财方法,职场小白必备》这篇视频笔记中,博主先分享了自己的涨薪经历,再分享几个理财方法,最后自然延伸到支付宝官方活动中。

《美食探店,北京和牛畅吃首选餐厅,好吃爆哭》这篇笔记中,博主用图文描述了自己周末与朋友的共餐体验,分享了店面照和美食照,富有生活气息的同时又贴切自然地为店铺做了推广,既享受了美食又能成功变现。

《考研党必备 9 个 App!!考研信息 / 网课 / 高效工具》这

图注：图中的"APP"应为"App"。

篇笔记中，博主用图文把受邀接到的推广 App 和热门 App 整理成合集。标题关键词"考研党必备"符合自己的人设，在下方文字里又暗示用户可领取阿里云盘内存福利，收获用户良好评价的同时轻松实现了变现获利。

她继续补充："广告变现相关的笔记数据反馈比较一般，像考研 App 分享类，会出现爆款，大家也会说'学姐很棒''很精彩的分享'等，不过我会把日常经历和广告自然衔接，让广告痕迹不太重，这样粉丝抵触的概率比较低。而且商家会在评论区设置导流账号，发布类似'这款产品看起来很不错'之类的评论来提高用户的信任程度，这样总体效果会好一些。"

听完她的描述后，我继续问她："确实很少看到推广痕迹。那么，商家会对笔记内容做要求吗？视频内容是商家提供的还是你自己组织语言写的呢？"

她回答说："商家会对产品的基本背景和关键信息做阐述，也强调推广时不能太明显，比如写支付宝推广的笔记，我就结合我的理财经历，再去网上寻找好的理财干货进行整合，最后才提到广告活动；还有那篇《校园vlog，录制北京台综艺见明星，元气满满！》是我记录自己的综艺录制经历，联想到传媒从业者的日常，再展开谈到护肤秘籍，最后才延伸到护肤养生产品的推广。在这之前，我去网上查了相关成分，也亲自尝试过那款产品，这样分享笔记时才会表现得比较自然。"

我继续问她："听起来你

也接了不少广告，都是品牌方主动邀请你吗，还是自己寻找商家合作？"

她解释说小红书有专门的品牌方对接平台——蒲公英平台，需要自荐后耐心等待平台的推广邀请。但因为同台竞争人数多，自己又很难直接联系到品牌方，所以一开始接到的推广很少。后来她签约了专门对接小红书博主与品牌方的媒介机构，品牌方先在媒介机构投放，然后媒介机构再邀请她推广适合她自身定位的产品。久而久之，变现收益才达到了比较稳定的水平。

她还强调说，如果没有与平台机构合作，那么自己发的广告很容易会被官方判定有推广嫌疑，从而上升到违规层面。

我说："这样的话，接广告变现也不是很容易。目前你的变现收益还算稳定吗？"

她回答说："基本上一个月至少能接到一次广告，要根据我每月发的笔记数量进行排期。我大概两三天发一篇。除了平台接单外，我偶尔也会私下接单，对方直接发邮件或者通过微信找到我，我们聊完觉得合适，就开展合作了。"

聊完之后，我帮她梳理了一下博主定位和领域内容优化方法，并鼓励她后续争取实现更丰厚的变现收益。

本节小结

1. 交换物品变现：商家在推出新产品时有投放和宣传需求，他们会给小红书博主免费邮寄一套产品，小红书博主为其创作一篇宣传产品的笔记作为交换。

2. 替换广告文案图片变现：替换文案和图片，是基于小红书可以不断修改已发布笔记的功能衍生出的商业变现模式。其又分为替换文案类广告、替换图片类广告、替换图片和文案类广告三种。

3. 品牌合作广告变现：品牌合作广告变现是小红书常见的变现形式之一，即商家付费给对应领域的小红书博主一定的费用，小红书博主按照商家的要求创作一篇图文或视频笔记，宣传商家品牌或商品。这种形式又分为官方渠道变现和非官方渠道变现。

第二节
带货变现：开店和开展商品合作，实现带货变现

小红书带货变现是平台主推并竭力鼓励小红书博主使用的重要变现方式之一。目前带货变现的具体方式有开"薯店"带货变现和商品合作带货变现。

1. 开薯店带货变现

在小红书开薯店带货有一个前提条件——先申请成为专业号。专业号只要个人实名认证成功，就可以申请开薯店，无粉丝量要求，但后续还须交纳保证金，并将佣金与平台按一定比例分成。

那么，整体的开店流程是什么样的？

点击"我"—"创作中心"—"创作服务"—"更多服务"—

第七章 变现：四大变现形式，让你在小红书变现有法

"作者能力"—"开通专业号"—"实名认证"—"认证专业号"，然后退出到"更多服务"，打开"店铺"—"我要入驻"—"选择店铺类型"，之后按要求填写你的店铺类型信息，等待入驻审核（一般需要1~5个工作日），阅读并遵守《小红书商家服务协议》，然后签署合同，交纳保证金后，即为入驻成功。

店铺类型有个人、个体工商户、普通企业店和专卖店/旗舰店等。不同类型店铺的保证金、给平台的佣金以及经营类目

要求都不一样。

　　成为专业号并开通店铺后，你会在小红书平台拥有属于自己的电商店铺——薯店，方便用户直接从你的店铺购买你推荐的产品。你也将拥有三大产品权益：第一，直播带货。直接与用户互动，展示并推销产品。第二，笔记带货。随时获得流量，随地促成交易。第三，主页橱窗。打造立体人设，转化黏性粉丝。

　　以小红书账号 @VIPKID 为例，有两条 @VIPKID 店铺的浏览路径。

第一，在首页搜索框输入"VIPKID"，点击博主主页，再点击"商品"即可浏览商品，或点击"店铺"，同样可以查看。

第二，在小红书主页点击"商城"，在屏幕上方搜索框输入"VIPKID"，可直达商品详情页。

2. 商品合作带货变现

商品合作须认证为专业号，其申请条件是粉丝数超过1000。那什么是商品合作呢？

商品合作，即专业号可以在小红书直播、小清单中添加商品卡片进行带货，若用户通过商品卡片购买商品，专业号可获得相应的佣金收入。

合作权益有：第一，直播带货。直接进行互动，展示并推销产品。第二，小清单。拥有专属清单，可进行针对性分享。

当你满足1000粉丝以上并完成实名认证的条件后，即可申请商品合作变现，通过在图文笔记、视频笔记、直播中嵌入小清单，实现商品变现。

本节小结

1. 开薯店带货变现：通过在小红书认证为专业号，交纳保证金，可以开薯店实现变现，拥有三大权益：直播带货、笔记带货、主页橱窗。

2. 商品合作带货变现：在小红书认证为专业号、有1000粉丝量，方可申请小红书商品合作变现，合作的权益有直播带货、小清单。

第三节
私域引流变现：两步走实现成交变现

私域引流变现适合有自己 IP 和产品的博主，博主通过小红书产出内容（图文笔记、视频笔记、直播）涨粉，留资源钩子。在私信中回复自己的微信号进行引流，或者在简介中留微信号、微信公众号，在私域中通过 IP 打造，实现变现。

在小红书引流的粉丝都非常精准，这点也验证了小红书平台粉丝活跃度高和强搜索性的特点。

那么，具体如何引流私域变现？

首先，要打造一个引流产品。根据用户需求、共性问题以及自身专业能力，找到你的专业能力与用户需求痛点的交集，打磨出第一个产品，这个产品可设置成免费或是低价付费的形式。让产品与小红书账号 IP 之间相互导流。

其次，设计引流变现路径。在你的定位中，好好想一想你的目标用户和其细分领域下的需求，做一个高质量领域稀缺的资源整合。比如主攻个人成长领域，你写了一篇自我提升必看的十本书籍，就可以在内容中植入钩子，引导私信获取，在私信中留微信引流到私域。

在私域引流变现中，你也要强调你的强IP属性，找到你的转化变现节奏，用免费的资源引流，低价的课程打造口碑，最终引导粉丝为你的高价课程付费或实现产品交易，从而形成免费转低价到高价的变现闭环。

本节小结

1.私域引流变现：通过小红书产出内容（图文笔记、视频笔记、直播）涨粉，留资源钩子。在私信中回复微信进行引流，或者在简介中留微信号、微信公众号，在私域中通过IP打造，实现产品变现。

2.私域引流变现两步走：首先，要打造一个引流产品；其次，设计引流变现路径。

第四节
课程变现：把技能打造成课程，实现课程变现

这里的课程变现，是指在小红书站内通过官方主推的知识付费直播板块实现变现。

小红书直播课是小红书推出的全新直播工具，博主可以通过直播课分享经验和知识，用户可以跟随站内各个领域的博主学习实用技能。

课程形式主要有三种：第一，单节课。用40分钟讲透知识点。第二，系列课。持续积累，全面提升。第三，录播/回放。一键购买，反复观看。

小红书的直播功能刚刚上线，非常适合有某一技能的博主，且未来半年左右，都处在内测期，属于早期红利阶段。早就是优势，就意味着更有机会在站内打造出个人IP并提升影响力。

参与直播课不仅会受到官方账号的曝光、流量推荐倾斜，

还有活动现金奖励，最重要的是可以获得课程收益变现。

这类变现形式，没有具体的条件限定，申请之后会进入筛选和审核。官方会筛选优质且拥有一项或几项技能的博主。

在小红书"直播薯"账号中就可看到，有很多博主已在小红书开课变现了。

小红书博主 @ 云蔓创业说是一位轻资产玩家、MCN 老板、多家创业公司新媒体顾问，在 IP 打造和达人孵化方面有一套深刻的方法论，所以她的课程主要以"手把手从 0—1 教你成为赚钱的博主"为主题，以 6 节干货满满的直播课的形式开课，实现课程变现。

@ 大宁终于瘦了是一名高级公共营养师、实力派减脂专家，故课程主题为"公共营养师 1 对 1 教你如何养成易瘦体质"，直戳

大众用户痛点。推广文案为："1v1教你科学减肥，在不节食的情况下帮你瘦下去。""其他平台定价3000+的课程，小红书首次上架仅需998！"课程以"三天易瘦体质养成系统课"与"学员1v1诊断服务"为主，通过分享博主自己的减脂逆袭经历顺利实现课程变现。

@滕月Panda是一位澳洲品牌的创始人、电商从业者，同时也是一位全职妈妈，小红书账号定位为"创业+育儿"，平时会分享高效育儿经验。所以她的课程主题为"不吼不叫，六招培养自律和自信"。推广文案依旧能戳中宝妈痛点，比如"为什么自己全程紧盯，孩子却依然做不好功课？"等，她通过自己的一套优质育儿方法打造品牌课程，同样实现了课程变现。

总而言之，小红书直播课可以帮助博主通过优质课程推广营销来变现，同时可以快速建立博主个人IP，大大提高影响力。所以课程变现特别适合有一定爆款笔记输出量且定位清晰、经验丰富的博主。

本节小结

1. 课程变现：指在小红书站内，通过官方主推的知识付费直播板块变现。

2. 小红书直播功能：是小红书推出的全新直播工具，博主可以通过直播课分享经验和知识，用户可以跟随站内各个领域的博主学习实用技能。课程形式分为单节课、系列课、录播/回放。

第八章

小红书团队管理：
提高人才密度

PART 8

第一节
招聘理念：小范围快速试错，找到合适人才迅速上手

创业有成功也有失败，成功的九牛一毛，失败的不可计数。

我曾经认真分析过创业失败的团队，他们失败的原因大多是过于要求人才布局完美。

他们的想法往往是这样的：我要组建几十上百号人，要求人员结构的完整性和能力的多元化。比如在开展小红书运营业务时，他们会率先列好业务所需的人员编制：产品、内容、运营、销售、拍摄、剪辑等。当人齐全后，他们信心满满大干一场，发现产出结果远不及预期，于是怀疑发展方向是否偏移、人员业务能力是否达标等，陷入一种创业艰难的困境，最终因业务情况调整或规模缩减和人员调整，解散队伍，宣告创业失败。

分析过很多创业团队后，我得出了一个结论，无论是大公司内部的创业团队，还是创业的小公司，都要小范围先试错。

如果我开始创业，第一步会寻找合适的人才组建团队，发朋友圈宣传，如果有很适合的人，可以主动邀约，这样也会显得有诚意。因为相比广泛宣传来说，他们对我有最起码的信赖，我对他们有更深的了解。

我一开始会先招两个人，一个做内容，另一个就做运营，一个拍视频，另外一个就剪视频，相互配合有交流，才能防止自我陶醉。一个人做太累，太多人意见难统一，分散难管理，而两个人可以相互鼓励陪伴，达成默契后便于产出更优质的内容。

而且我会亲自带，并要求团队成员遇到问题及时反馈，每天汇报工作。如果业务结果符合预期甚至超预期，我会思考投入更多人力成本去运作。

小范围试错的好处在于，在创业初期好控制成本实现快速发展，也适合团队磨合，打磨出一支高效的团队。

古代有句谚语："兵不在多而在精，将不在勇而在谋。"所以，一开始招聘人员时，招聘10个平庸者不如招聘1个人才。那么如何筛选合适的人才呢？

也有创业老板问我，做小红书业务，什么人才最合适？

我的原则是：如果运营小红书的经验满分10分，只招0分或者8分的聪明人。

0分的人往往最积极，也最能干。他们迫切需要上级领导指路，然后一步步按着规矩走。工作中的收获可以为他搭建起个人成长学习库，所以到后来他的想法和做法会和上级领导不断贴近。

我经常和团队这样说："不要有太多自己的想法，因为你的想法往往都是不成熟的！"0分的人很容易自我否定，他们相信只要按照我的指导，一定能打造爆款。事实是，认真执行步步坚定，他们后来也确实做出了爆款。

另外，我也会招8分的人。8分的人有自己的思考和一定的经验见解，所以他们不需要我投入太多精力，我只需要在他们有困难时及时给出解决思路即可，定一个项目交付日期，然后撒手任他们自己创造。在指出团队成员不足时，他们也能迅速判断对错，然后加以修正，在工作中自主成长。

但4~5分的人我一般不招。或许你会认为，比起0分的人他们有一定基础，比起8分的人他们更有上升空间，为什么不能接受？

原因很简单，4~5分的人往往"初生牛犊不怕虎"，他们对小红书爆款和运营的思路通常是一知半解，需要大量时间和精力去印证自己仅有的一两次成功体验。面对领导的指责时不甘心认错，经常觉得自己"有点功力"，不应该被说教。因此，带领这种业务"半生不熟"的人多半吃力不讨好。招10个5分人员不如招1个0分和1个8分人员。

本节小结

1.分析过这么多创业团队后,我得出了一个结论,无论是大公司内部的创业团队,还是创业的小公司,都要小范围先试错。

2.如何筛选合适的人才?满分10分,只招0分或者8分的聪明人,坚决不招4~5分的人。

第二节
招聘流程：三步搞定面试招聘

华为"天才少年计划"由华为创始人任正非在2019年提出，是华为内部最高规格的人才招聘机制。华为秉承的理念，是用难的选拔挑战和顶级的薪酬，招募最适合的专业顶尖人才，据说华为"天才少年计划"共设有七轮面试，层层筛选，从而找到合适的人才，让其在公司发挥价值。在招募刚发布时，任正非还亲自跑到高校参与选拔面试。

所以，在招募团队方面，我们必须重视，花大量时间和精力做判断。因为人招得合适，专业能力与价值观和公司匹配，将会为团队大大缩减成本，推进项目顺利进行。

显然，人才招聘是团队管理重中之重的环节，该如何设计一套发现和挖掘合适人才的招聘流程呢？

以招募小红书内容运营人才为例，我的招聘流程一般分成三步：笔试、"群面"和"单面"。

1. 笔试

笔试是招聘内容运营人才的第一步，也是判定其是否适合做内容运营的入门测试。

HR 通过简历筛选出若干个较为匹配的候选人，邀约他们来到现场，安排他们做笔试题。我会设置如下题目：

①请写出一位你最喜欢的小红书博主，说说你为什么喜欢这位博主，并找出他的三篇爆款笔记，分析它们成为爆款的原因。

②现场创作一篇与我们公司有关的图文笔记，并写出为什么这样创作，最后给自己打分，写下自评。

③是否有小红书运营的成功案例，是否能复制？

④请用 300 字描述一件你最开心或最难忘的事。

问题①主要看候选人花在小红书方面的精力有多少，是否看过爆款，考验他分析爆款、从现象看本质的能力。

问题②主要考查候选人的选题能力。

问题③主要看候选人过去做小红书的经验，能有效看出候选人的运营实力。

问题④主要看候选人内容写作的能力。

筛选出笔试成绩好的候选人，进入下一轮面试，并婉拒不合适的候选人。

我曾经看了很多份笔试答卷，在回答"为什么喜欢这个博主"时，很多人都会这样写："我喜欢这个博主分享的几篇笔记，如《做自媒体有 n 个赚钱方法》《n 个新媒体标题技巧》，这些内容非常吸引我，对当前阶段的我非常有帮助，笔记很有价值，是干货，值得我收藏。"

你会发现，这些回答都很虚，都是从自己的角度出发，沉浸在自己的世界里。这些都是不合格的，没办法通过的。我想要的答案是针对某篇笔记，以创作者的视角去分析，而不是以自己的视角。通过创作者视角，分析博主的爆款选题有什么、为什么能做火，总结原因，总结哪些是能够借鉴的细节。

2. 群面

群面就是无领导小组讨论，我会安排一群人到一个会议室，若干人形成一个临时团队，布置话题任务：写出小红书爆款笔记需要注重什么环节？如何分析小红书爆款笔记的数据？如何做小红书复盘？然后让他们开展讨论。

在这个过程中，面试官可以观察他们的表现，孰优孰劣一清二楚。

3. 单面

顾名思义就是一对一面试。在单面中，我只关注 3 个重点：

渴望、底层逻辑和服从意愿。

（1）渴望

我一定会问他："5年后你想成为什么样的人？"太规矩和套路式的回答，淘汰；没有野心的回答，淘汰。这个问题可以筛选出敢想、有朝气的人才，可以迅速判断出这个人对成功的期望程度有多高。因为我追求卓越，所以我只喜欢带追求高、有野心的人。

（2）底层逻辑

我会看他对小红书运营的底层逻辑有没有自己独特的思考和见解，重点关注他的见解能否与我对齐。给他一篇爆款笔记，让他现场做拆解，没有规定模式，没有提供思路，纯靠他一个人讲解爆款思路和底层逻辑，然后我再判断这个人值不值得带。

或许其中有太平常太宽泛的思考，会夹杂些许不足，但作为面试官，切忌好为人师。对方的问题不是在现场两三句就能解决的，相反，对方还会觉得你高傲自大而心生厌恶。因此，点到为止是面试官的修养。

（3）服从意愿

我会看对方是否有独特鲜明的想法和强烈的主导意愿，因为我自己有一套较为完整的小红书爆款打造体系，所以我需要高度服从和认真执行的员工。员工太执拗于自己的主观想法，我也很难进行指导。所以，员工对老板的服从意愿很重要，如果不认可上级的想法和观点，工作难有成效。

本节小结

1. 笔试：设置笔试问题，筛选出笔试成绩好的候选人，进入下一轮面试。

2. 群面：即无领导小组讨论。面试官可以同时观察他们的表现，孰优孰劣一清二楚。

3. 单面：即一对一面试。过程中只关注3个点：渴望、底层逻辑和服从意愿。另外，面试官注意点到为止，切勿好为人师。

第三节
拆解培训：三遍拆解法拆解爆款，
见过爆款才能做出爆款

小方是我最近刚招的一名大二实习生。

大一时他发现自己有写作优势，于是开始做自媒体运营，他的作品得到了众多好友的认可。起初我让他试试写稿，发现他的文字功底不错，文章结构清晰，成稿速度快，便决定让他一起参与写书。

有一次，我让他写篇爆款笔记的拆解文稿，他自信满满，觉得不在话下，当晚就可以交稿。但直至第二天早上，仍然没有动静。

他来到办公室和我说："真正做起来才发现，还是有难度，再给我一天时间吧！"

我问："以你的能力，这篇文章应该能够很快完成，是哪里出了问题？"

他有点不解说："我平时经常关注爆款笔记，觉得他们都能抓住关键要点，精准把握爆款创作的精髓，一些爆款的底层逻辑我都懂，但就是写不出来。"

我这才明白他的问题所在，对他说："你这是见过爆款，纸上谈兵而已，你有认真拆过爆款笔记吗？有没有从头到尾分析过一篇爆款笔记？见过不一定真正认识，等你拆解完几十条，你自然就能写好。"

后来他按照我的三遍拆解法一步步分析，轻而易举写出了爆款分析的文稿。他说："原来是由于我不够熟悉，真正熟悉之后，成稿快多了！"

见过爆款不等于真正认识爆款，前者到后者有一条必经之路——拆解爆款。只有细致拆解，才能真正理解爆款，最终做出爆款。

那么，如何高效拆解爆款？我的答案是：三遍拆解法。也就是说，详细拆解一条小红书爆款笔记，至少需要看三遍。

第一遍，纯用户视角观看笔记内容。

回想自己看到了什么，它是否一下子吸引了你的眼球？你能否提取出要点，建立大致框架？笔记有没有点题升华，有没有激发你点赞、转发的冲动？按照这个思路，我们看完第一遍，并把相关感受记录下来。

第二遍，灵活运用平台算法，为爆款笔记打上标签。

从大的类别到小的类别，从一级到二级再到三级，不断细化。

比如：娱乐笔记的一级标签是娱乐，二级标签是电影剪辑，三级标签是周星驰、刘德华等；搞笑笔记的一级标签是搞笑，二级标签是搞笑配音，三级标签是方言配音等；知识笔记的一级标签是教育，二级标签是英语教学，三级标签是日常口语教学等。

为何需要拆解至第三级标签？意义在于它能让你对每个领域及其细致分支有更深的认识，便于分析出每一细分标签所对应的爆款笔记。

算法的分配机制就是把标签与内容进行连结，内容与标签越贴合，关键词重复频率越高，算法就越容易把精准的流量引到你身上。

第三遍，关注评论区，尤其注重Top10评论。

热门评论能够让用户与博主距离更亲近。我们也可以在热门评论中挖掘用户感兴趣的内容，整理到素材库中。

从笔记内容，到标签，然后再到评论区，三遍拆解法能够全方位帮你分析爆款笔记成为爆款的缘由。那么，明白了三遍拆解法，如何实操呢？接下来我们一起拆解几篇爆款笔记。

1.《女生半年内如何逆袭丨艾丫教你》

点赞量4.9万，收藏量3.3万，评论量194。

第一遍：封面大标题为《女生半年内如何逆袭》，明确笔记用户主要为女生。关键词"半年内""逆袭"等戳中痛点。再从"减肥瘦身篇""护肤变美篇""生活饮食篇""理财存钱篇""个人提升篇"五大维度讲解，封面图片非常精美。

第二遍：一级标签——个人成长，二级标签——女生逆袭，三级标签——减肥瘦身、护肤变美、生活饮食、理财存钱、个人提升。

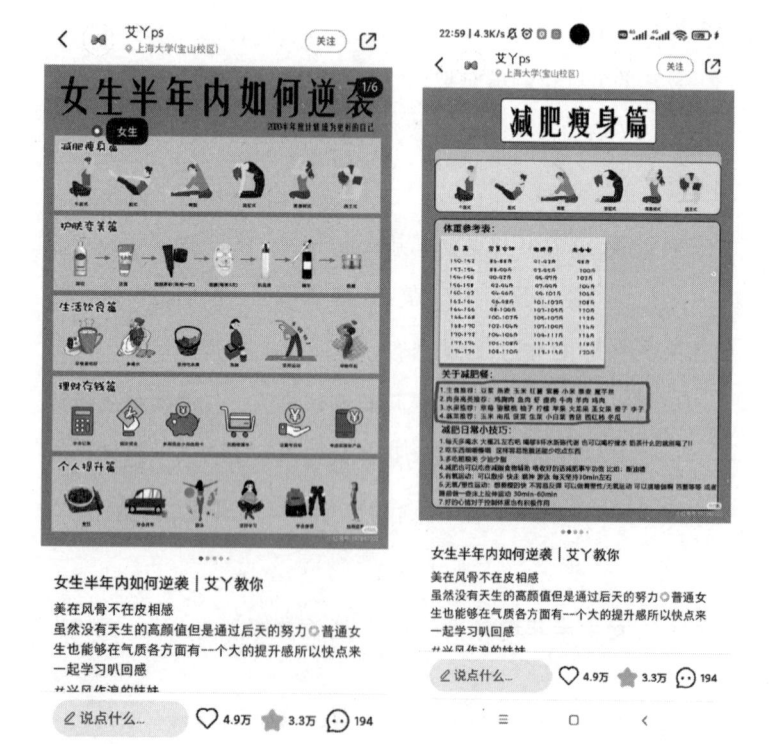

第三遍：评论区中高赞评论的关键词有体脂率、减肥、体重相关等，所以后续笔记可重点围绕"减肥瘦身"这一细分领域，满足用户需求，提高成为爆款的概率。

2.《真的不能一直玩手机！不然会越来越焦虑》

点赞量 2.6 万，收藏量 1.3 万，评论量 379。

第一遍：封面大标题为《戒掉手机的 10 个方法，真的很有用——无痛戒手机》，戳中大众对手机上瘾的痛点，配以鲜花书籍的唯美背景，增强用户好感和阅读好奇心。内容上，从自身感受引入，与用户顺利共情，最后用清单以亮色批注的形式分享了 10 条实用方法，真正践行了"好看 + 实用"的爆款形式。

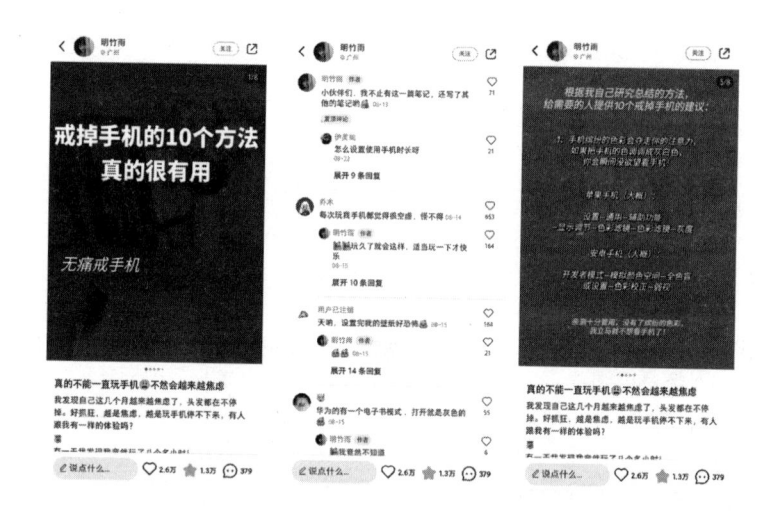

第二遍：一级标签——成长提升，二级标签——自我管理，三级标签——手机上瘾。

第三遍：高赞评论有触发共情类的，如："每次我玩手机都觉得很空虚，怪不得！"有笔记细节类的，如："开发者模式怎么调试？"也有情绪感悟类的，如："刷了1小时抖音，真的很难过。"用户玩手机上瘾的感受通常是玩的时候快乐、放下手机痛苦，这篇笔记引起了用户的情绪共鸣，评论区也有对具体细节的探讨，互动性强。

3.《72款学霸超爱App！零成本自学》

点赞量3.5万，收藏量4.5万，评论量295。

第一遍：封面大标题为《72 款学霸超爱 App——2020 年逆袭必备干货篇》，用"72 款""逆袭必备""干货"等关键词清晰表达笔记定位。内容中介绍了多款学习软件，"统一的格子背景＋彩色图标贴纸装饰＋黑字说明性备注"的清一色形式对用户极其友好。

第二遍：一级标签——干货，二级标签——学霸 App，三级标签——学习类、生活类、提升类。

图注：图中的"APP"应为"App"。

第三遍：高赞评论大多描述了笔记中推荐的 App 的细节，也补充了一些新的 App。幽默反馈如："这种时候怎么能少得了钉钉呢？"积极反馈如："作文纸条真的吹爆！"激发用户成就感的反馈如："我也在用这款宝藏 App。"

不妨你也尝试用三遍拆解法来拆解你要做的爆款选题吧！

爆款选题：
_____。

数据情况：
_____。

第一遍：
_____
_____
_____。

第二遍:

_____

_____

_____。

第三遍:

_____

_____

_____。

本节小结

1. 见过爆款笔记不等于真正认识爆款笔记,只有细致拆解,才能真正理解爆款笔记,最终做出爆款笔记。

2. 如何用三遍拆解法,拆解爆款笔记?

第一遍,纯用户视角观看笔记内容。

第二遍,灵活运用平台算法,为爆款笔记打上标签。

第三遍,关注评论区,尤其注重 Top10 评论。

第四节
"赛马文化":"分裂"和"归一",快速做出爆款

当我带几个人做出小红书爆款后,我就在思考如何带团队高效做好内容。

我擅长从爆款中抓本质,把本质的东西用白话讲清楚。一旦我发现小红书的爆款密码,便会迅速总结成可实践的方法。这样在带团队时,有爆款行动手册作为指导,团队做内容就会更高效。虽然我在培训团队时也遇到过种种情况,但最终都带出了一流敏锐的爆款创作团队。我总结了以下几点经验。

第一,培训团队时,我要求员工做到知行合一,不要拆解是一套,做是另一套,培养员工爆款拆解能力的同时,也要培养其知行合一的能力。

第二,做内容不要自我陶醉,团队成员间要交流,并定期和我讨论爆款拆解想法。

第三,用好"内容赛马"和"员工赛马",分裂与归一,快速做出爆款。

下面着重给大家介绍第三点,内容赛马和员工赛马如何做?

一个团队刚组建时,你可能会有疑问,该通过什么方式不断向前发展?如何让团队成员保持初始的工作紧张感和高度执行力?

我认为关键有两点:内容赛马和员工赛马。

1. 内容赛马

赛马结果以爆款程度来衡量。比如我将两个小红书账号分给不同的人负责,发送同样内容不同形式的图文笔记,看哪种形式的笔记数据反馈更好。哪个形式更符合用户口味,就集中打造这种形式直至其成为爆款。这是第一次赛马。

第二次赛马是同一账号发布内容相似、形式相同的笔记。观察为什么内容相似形式相同的前提下,这条可以成为爆款,那条却无人问津?可以用三遍拆解爆款笔记法进行分析研究,再调整优化。

如果还需要再赛马,在细节上进行对比。对笔记中的图片、文字描述、包装形式等细节进行不同程度的修改,用同一个账号发布几条小红书笔记,再考察最后的赛马数据。

2. 员工赛马

个体要想前进，除了自己目标坚定、执行力高之外，一个很重要的因素是外界环境压力的驱使。好的团队氛围应该是成员间既有协作，又有竞争，追求公司整体更大的利益成就，而不是钩心斗角。

如果现在已经组建好团队，我会把这个团队分为A、B两个小组进行员工赛马。一段时间后A组成果更好，做出爆款的概率更高，就继续保持原有的状态，落后队伍就要先暂停，及时反思问题所在。

分析原因后，到了关键的一步：对原有队伍进行拆分合并。我会把两组成员合并，让他们从竞争关系变成协作关系，然后再重新分组，当然必要情况下也会扩招出现C组，再让A组与C组进行新一轮的赛马。

总的来说，赛马的本质其实只有两点："分裂"和"归一"。"分裂"就是把竞争落后组进行人员调动，也可以把成绩突出者分裂出来单独带领新队伍，开启新赛马模式。"归一"就是从竞争到协作的过渡，减少员工之间不必要的内部损耗，让优胜队伍"吞并"落后队伍，达到"归一"。

在内容层面和员工层面不断进行"分裂"与"归一"的赛马模式，让团队更有竞争力和凝聚力，让内容爆款率不断提升。

本节小结

1. 内容赛马：将两个小红书账号分给不同的人负责，发送同样内容不同形式的图文笔记，进行赛马，再用同一账号发布内容相似、形式相同的笔记进行赛马。

2. 员工赛马：将一个团队分为两个以上小组进行赛马，再根据成果对团队成员进行变动，拆分、重组，进行新的赛马。

3. 赛马的两点本质："分裂"和"归一"。"分裂"就是把竞争落后组进行人员调动，也可以把成绩突出者分裂出来单独带领新队伍，开启新赛马模式。"归一"就是从竞争到协作的过渡，减少人力资源的内部损耗，让优胜队伍"吞并"落后队伍，达到"归一"。

第五节
内部管理：头、中、尾分部管理，
　　提出问题，解决问题

团队成员水平参差不齐，这很正常。集中管理效果较差，分散管理又担心降低凝聚力。那么，该如何进行高效管理呢？我的团队管理法则其实很简单：放手头部，全力帮助中部，激励尾部。

1. 放手头部

"扬长补短"是我的核心管理方法。管理好团队，要重视上层力量，这是"扬长"，放手头部，给予员工足够的空间自由发展。

头部员工其实并不需要老板过多管理，他们水平高能力强，对小红书平台也有一定认知，产出爆款经验丰富，如果过度插手容易招致反感，影响彼此信任。当数据情况较差时，员工会将责任不自觉地归到老板身上，这对公司总体发展是没有好处的。

所以，对头部员工要给予足够的空间，待其出现问题卡壳时，再干预也不迟。

2. 全力帮助中部

全力帮助中部，让他们早日成为头部的一分子。中部员工的优劣势并非像头部和尾部那么明显，他们有一定的水平经验，但与头部仍有一定的差距，需要老板花时间精力关注。员工不知如何分析拆解爆款，老板要亲自指导，员工不知笔记反响平平的原因，老板要认真带领分析。因为中部成员人数占比最多，所以要把大部分精力放在中部身上，通过大量投入，使头部人员比例不断上升，使整个公司团队的综合实力更上一层楼。

3. 激励尾部

既要"扬长"，同时也要对尾部员工进行"补短"，而非"避短"。尾部员工存在的问题是对小红书运营和爆款打造逻辑没有清晰的认知，拆解爆款的数量不够。

我会着力帮助愿意改变自己的尾部员工，他们越渴望成长，就越会积极地去达成目标。我也给他们打了"预防针":接下来你会很痛苦,很有可能你做的事情都会被我否定,但记住,否定不是对你人的否定,而是对你现在做的事和体现的思维的否定,只有刮骨疗毒似的剔除这些错误思维,你才会飞速进步。

瑞·达利欧在《原则》一书中提到:"痛苦+反思=进步。"对于尾部员工管理,我将这句话补充为"痛苦+反思+实践=进步",痛苦反思还不够,听懂还须实践,做到知行合一。

本节小结

1. 放手头部:重视上层力量,给予他们足够的空间自由发展。

2. 全力帮助中部:因为中部成员人数占比最多,所以我把大部分精力放在中部,让他们早日成为头部的一分子,使整个公司团队的综合实力更上一层楼。

3. 激励尾部:着力帮助愿意改变自己的尾部员工,他们越渴望成长,就越会积极地去达成目标。"痛苦+反思+实践=进步",让尾部成员做到知行合一。

第六节
薪酬绩效：低底薪＋高绩效，
一分耕耘一分收获

拿破仑在一次打猎时遇到一个落水男孩，男孩一边拼命挣扎，一边高呼求救。拿破仑本想立刻施救，但仔细一看，河面并不宽，水也较浅。于是拿破仑用枪口指着他喊道："这河水并不深，你如果不自己爬上来，我就一枪把你打死。"男孩一听，见求救无效，便用尽浑身力量攀附上岸，终于顺利自救。

一个人需要外部刺激，才能真正爆发自己的潜能，甚至达到"自救"的惊人效果。一个团队同样需要外部刺激和优质的激励体系。如何通过外界激励让团队成员形成明确的目标，并努力工作呢？

我认为，建立团队激励体系，关键有两点：低底薪＋高绩效，同工不同酬；复盘绩效激励制度。

"底薪＋绩效"是很多公司都会采用的一种薪酬方式，我尤其认可"低底薪＋高绩效"。高底薪确实会吸引员工，但高绩效才能真正驱动员工发展和业绩创造。一分耕耘一分收获，你能给公司团队带来多大价值，你就能得到多少属于自己的收益。

如何让员工认可这种方式？我会在招聘时先算好综合收入，再强调小红书的行业特质，便于员工接受。关键是强调薪资无上限，创造的价值与个人的收入成正比。没有天花板的薪资对于自信的面试者更有吸引力。

同理，如果没有足够的产出，只有正常成绩，就只能拿到较低的底薪，而这也会让员工更好地自省和调整。

另外，我还会设计复盘绩效激励制度。这一份绩效由什么标准衡量较为合理？综合客观成果和复盘打分双标准。

复盘打分是指客观的工作成果之外，老板和员工都对员工近阶段的工作进行复盘和打分，分数会作为参考来衡量绩效。

这样做的好处在于，高绩效有利于激励员工在下一阶段保持甚至争取更大的进步和突破，形成良性循环；低绩效则能使成员根据老板的复盘评判对这一阶段的不足之处有更清晰的认识，有益于成员做好调整和改变，争取后续拿到高绩效。

有人听完我的薪酬管理体系后问我："有没有人会因为低底薪而放弃岗位？"

我的回答是肯定的，同时也提供了一种解决办法：绩效拆解。除了底薪外，绩效可以拆解为两部分。一部分是有工作产出就能拿到的绩效,另一部分则是工作产出的反馈带来的绩效。

比如现在甲乙两人都按照计划做了一条小红书笔记并发布至平台,所以两个人都能拿到工作产出带来的绩效,但结果发现甲的笔记成了爆款,而乙的无人问津。所以第二部分绩效甲拿到的自然比乙高一些。这样真正做到一分耕耘一分收获。

除此之外,员工的诉求是上级应该关注的要点之一。处于不同阶段的员工有不同的诉求,毕业生初入社会比较纯粹,相比第一桶金,他们可能更渴望跟随优秀的公司团队共同成长,而工作过几年的员工有经济负担,更倾向于高薪报酬。因此,老板需要满足处于不同阶段的员工的诉求,互相成就。

本节小结

1. 低底薪+高绩效,同工不同酬:一分耕耘一分收获,关键要强调薪资无上限,创造的价值与个人的收入成正比。

2. 复盘绩效激励制度:绩效由客观成果和复盘打分两个标准进行衡量,除了客观的工作成果之外,老板和员工都需要对员工近阶段的工作进行复盘和打分,分数会作为参考来衡量绩效。

后记

写完这本书的时候，正好距离 2021 年结束还有 100 天。回想从 2017 年到现在，我都做了什么？

2017—2018 年是我创作灵感爆发的一年。到 2018 年初，我筋疲力尽，感觉自己才华有限，也感觉在 C 端出名需要背负很多。

由此我转至幕后，想与 B 端和行业接触，不面向 C 端。

刚开始我非常不习惯，因为一下子失去了一些人的簇拥，受关注越来越少，从聚光灯下忽然掉入了阴暗的角落。这对表演型人格的我无疑打击非常大。

幸运的是，我的一个写作课程爆火。截止到现在付费版已有 39 万人次收听，B 站的盗版也有近百万人观看，这个写作课程影响了近百万人。

这期间我遇到了很多诱惑，有一些全职做知识付费博主赚快钱的机会，基本一年能赚几百万元，但我放弃了，因为感觉走不远。

所幸后来工作也获得了更多职场领导、同事以及同行们的认同。

随后我出了第一本书《人人都能学会的刷屏文案写作技巧》，本以为会大卖，但因为各种原因，没有达到预期的一年卖 10 万册。

后来我跳槽拿到了想要的薪资，做了想做的事，从公众号起步，到后来做平台短视频，做整合营销，做内容获客，做市场、品牌用户传播。

疫情发生以后，我整理了自己 6 年以来做内容的心得，出版了一本畅销书《从零开始做内容：爆款内容的底层逻辑》。

这本书好到什么程度？就连抹黑我的人都说这本书写得确实是好。

我也在这个过程中逐渐明确了自己的定位：吕白 = 爆款。然后我准备用 10 本书来巩固这个定位。

截止到现在，《从零开始做内容：爆款内容的底层逻辑》位列当当市场管理类图书畅销榜第 4 名，仅次于《影响力》《定位》《销售就是要玩转情商》。

我已经出版的作品有《人人都能学会的刷屏文案写作技巧》

《人人都能做出爆款短视频》《从零开始做内容：爆款内容的底层逻辑》《爆款抖音短视频》和《爆款视频号》，即将要出版的除了这本之外，还有《爆款 IP》《爆款品牌》。我能感觉得到，我在一步步向我的目标迈进。

从 2017 年到 2021 年，我有过人群簇拥的辉煌时刻，也在低谷里怀疑过人生。我真正理解了什么叫"流水不争先，争的是滔滔不绝"。

不羡慕别人短期的成就，不嫉妒别人短期的收入，找到一个更长的赛道，和时间当朋友。

我大胆期许一下，如果未来 10 年，是做内容最好的 10 年，那么我希望，未来这个行业的大佬们可以认同我的理念，这个行业的中坚力量读完我的书后能有所思，加入这个行业的新人大部分人都看过我的书或课程，哪怕是盗版。

巴菲特说："人生就像滚雪球，最重要的是发现很湿的雪和很长的坡。"

我好像发现了。

感谢我的助理一村，虽然被我批评过很多次效率低，但他进步速度很快，不辞辛苦，每天工作到晚上 10 点多，帮我整理案例和稿件。

感谢比比，我们的实习生，他是"00 后"，非常敬业，非常勤奋，对成功的渴望也更高。

感谢编辑薛老师以敬业的态度在小长假期间加班，就为了让这本书尽快出版。

感谢我生命中的所有老师、前辈和读者，谢谢你们，让我一步步走到现在，越来越好。

复盘自己这几年的得失，我发现自己何其幸运，选中了新媒体这个朝阳赛道，我真正理解了"没有马云的时代，只有时代里的马云"这句话，也彻底明白了个人的努力要顺应时代的潮流，一个人取得成绩首先是因为选对了行业和赛道。恭喜阅读本书的各位，你们选在了一个快速增长的行业。

最后，我一定要给大家重磅推荐两名小红书博主。

@ 云蔓创业说，小红书知识类博主，定义了小红书知识付费的赛道，是我认识的做知识付费类内容最专业的女性。

@ 活力少女阿珍，活泼可爱，看到她就会很快乐！她用很有趣的方式让你边笑边收获知识。看她的视频三秒钟就会想点关注，并暗暗感叹："这个世界上怎么会有这么可爱的女人啊！"我见证了她从零到一的成长。

终生内容从业者　吕白